Hans Frör · Spiel und Wechselspiel

Hans Frör

Spiel und Wechselspiel

Kommunikationsspiele für Gruppen – Material und Methodik

Kaiser

 ISBN 3-459-00881-4.

Umschlag: Ingeborg Geith & Willem Weijers
Satz und Druck: Offsetdruckerei Réssy, München
Printed in Germany

Inhalt

nur durch Worte, sondern durch das gesamte körperliche Verhalten. Spiele können zur bewußteren Wahrnehmung und Einbeziehung der verschiedenen Mitteilungsebenen beitragen.

Kommunikation verläuft nach „Regeln“, die den Beteiligten zum größsten Teil nicht bewußt sind. Diese Regeln sind für zwischenmenschliche Beziehungen unentbehrlich, können aber auch das Zusammenleben einengen und zerstören. Spiele können dazu beitragen, die Variationsbreite der Beziehungsregeln zu erweitern, verhängnisvolle Regelkreise aufzuspüren und sinnvollere Regeln des Zusammenlebens zu entwickeln.

Wer mit einer Gruppe spielt, bedient sich einer Taktik; d.h. er mobilisiert in der Gruppe vorhandene Kräfte und kombiniert ihre wechselseitige Wirkung so, daß sie auf ein bestimmtes Ergebnis zusteuern. Der Spielleiter kann auf Taktik nicht verzichten. Seine Aufgabe ist es vielmehr, sie bewußt und verantwortlich zum Nutzen der Gruppe einzusetzen.

Vorwort

Überall, wo Menschen miteinander zu tun haben, entsteht zwischen ihnen ein vielfältiges *Wechselspiel* von Aktion und Reaktion, Wort und Antwort, Eindruck und Ausdruck. Dieses Wechselspiel der Kommunikation wird von den Beteiligten kaum bewußt wahrgenommen, obwohl sie es permanent miterleben und mitgestalten. Es lohnt sich aber, auf diesen Prozeß zwischenmenschlicher Beziehungen zu achten und seinen Verlauf verantwortlich mitzubestimmen, denn er entscheidet über Gelingen oder Scheitern von Ehe und Partnerschaft, Familie und Gruppe, Staat und Gesellschaft, Kirche und Gemeinde. Es gibt kein menschliches Problem, das nicht auch ein Kommunikationsproblem wäre.

Das *Spiel* hat sich als brauchbares Medium bewährt, um Kommunikationsformen zu beobachten, auszuprobieren und einzuüben. Die Spieler lernen, mit einem Problem sachgemäß umzugehen, indem sie erleben, wie sie miteinander umgehen oder umgehen könnten.

„*Spiel und Wechselspiel*" will Pädagogen und Gruppenleiter anregen, das Spiel als Erfahrungs- und Trainingsfeld der Kommunikation einzusetzen. Die vorliegende Arbeit konzentriert sich mehr auf methodische Fragen, als dies im ersten Band („Spielend bei der Sache") der Fall war. Das bedeutet nicht, daß das Angebot von verwendbarem Material zu kurz kommen dürfte. Wenn man sich intensiv mit Spielen befaßt, kann man nicht anders, als alle theoretischen Überlegungen vom konkreten Spiel her zu entwickeln und die gewonnenen Ergebnisse erneut in einem lebendigen Spielprozeß zu verdichten. Ich hoffe, daß auch dieses Wechselspiel von Praxis und Theorie, von Ereignis und Methode in den folgenden Kapiteln deutlich werden wird.

Ein Teil des vorliegenden Materials entstand in Zusammenarbeit mit Gruppen, die sich zusammengefunden hatten, um neue Spiele zu entwickeln. Die Teilnehmer eines Ferienseminars der katholischen Hochschulgemeinde München entwarfen die Spiele PARTYGEFLÜSTER (Nr. 14), LEISTUNGSDRUCK (Nr. 16) und EIN FEST (Nr. 6), und ein Kreis junger Pastoren der Evang.-Luth. Landeskirche Hannover erarbeitete in Loccum die Spiele TEUFELSKREIS (Nr. 12), DER VIERTE MANN (Nr. 18) und GLÜCK (Nr. 20). Das Gemeindespiel SCHLAFSTÖRUNGEN (Nr. 3) wurde von einem Team der evangelischen Kirchengemeinde München-Pasing geplant und von Axel Melcher fertiggestellt. Den BESCHWERDEBRIEF (Nr. 2) hat Ulrich Kabitz entwickelt, die GOLDENE HOCHZEIT (Nr. 1) stammt von Waldemar Pisarski. Zwei Spiele sind aus der Literatur übernommen (Bach/Bernhard und Bach/Wyden) und bearbeitet: das BILDHAUERSPIEL (Nr. 7) und der FAIRE STREIT (Nr. 11).

All denen, die „mitgespielt“ oder eigenes Material zur Verfügung gestellt haben, möchte ich herzlich danken. Viele Anregungen und kritische Rückmeldungen, die ich auf meine erste Veröffentlichung hin erhalten habe, können hier nicht im Einzelnen aufgeführt werden; sie sind mir aber deshalb nicht weniger hilfreich gewesen.

I. Die Richtung

Dieses Buch beschreibt den Weg vom Spiel zur Bearbeitung von Themen und zur Gestaltung von Lebensprozessen.
Im Spiel erfahren wir modellartig menschliche Kommunikation. Diese Erfahrung ermöglicht uns, Lebens- und Glaubensprobleme neu wahrzunehmen und zu bearbeiten.

In „Spielend bei der Sache“ ging es um den Versuch, verschiedene Sachgebiete im Unterricht und in der Gruppenarbeit durch Spiele zu illustrieren und durch die Dynamik, die Spiele entwickeln, der Lerngruppe näherzubringen. Da Spiele den meisten Gruppen Spaß machen, wollte ich ihre belebende Kraft ausnützen, um etwa Schüler zu motivieren, sich mit dem Unterrichtsthema zu beschäftigen. Je länger ich aber an der Entwicklung von Spielen arbeitete, desto deutlicher wurde mir, daß ein gutes Spiel mehr bieten kann, als das Interesse für eine Sachproblematik zu verstärken. Immer wenn ein Spiel gelungen war, entdeckte ich, daß ich auch die „Sache“, für die ich das Spiel entwickelt hatte, mit anderen Augen sah. Ich hatte das Gefühl, daß ich jetzt eigentlich erst richtig wahrnehmen konnte, welche Prozesse sich bei dem betreffenden Problem abspielten. Ich hatte nicht nur spielerisch illustriert, was ich vorher auch schon wußte, sondern das Spiel hatte mir neue Aspekte aufgezeigt, unter denen ich das Sachgebiet erst richtig begreifen konnte. Die Dynamik, die das Spiel bei den Spielern entwickelte, zeigte mir modellhaft in einem überschaubaren Ereignis, was da überhaupt „gespielt“ wurde.
Weiter machte ich die Entdeckung, daß sich das neu gewonnene Verständnis nicht nur auf die angepeilte Thematik erstreckte, sondern auf verschiedene andere Themenkreise übergriff und auch diese neu beleuchtete und durchschaubarer machte. Die Sündenbockspiele z.B. (Spielend bei der Sache 65ff, Nr. 75-77) waren zur Illustration der Passionsgeschichte konzipiert worden. Beim Spielen zeigte sich jedoch, daß sie die verschiedensten Einfälle hervorriefen: Außenseiterprobleme in der Gesellschaft, in der Geschichte, in der Bibel, typische, immer wiederkehrende Situationen in Schulklassen, in Kirchengemeinden, in Familien, Schwierigkeiten in der spielen-

den Gruppe selbst, in Cliquen, im Betrieb und im Büro wurden Spielern und Zuschauern bewußt. Wir konnten ein Verhaltensmuster wahrnehmen, das in fast allen Gruppierungen anzutreffen war, im privaten Bereich wie in der Gesellschaft, in der Gegenwart wie im biblischen Zeitalter. In vielen Diskussionen stehen sich diese verschiedenen Ansatzpunkte wie unvereinbare Gegensätze gegenüber: Lebenshilfe im persönlichen Bereich *oder* Veränderung der gesellschaftlichen Strukturen; biblische Botschaft *oder* modernes Denken. Durch das Spiel wurde an einem Punkt ein organischer Zusammenhang deutlich.

Der Ansatz bei der Kommunikation

Das Gemeinsame, das in den verschiedenen Bereichen wahrzunehmen ist, ist die menschliche Kommunikation; also die Art, wie Menschen und Gruppen miteinander umgehen, wie sie einander zum Leben helfen oder das Leben zerstören, wie sie sich verstehen oder mißverstehen, wie sie sich in Teufelskreisen von Reaktion und Gegenreaktion verfangen oder Möglichkeiten finden, den endlosen Kreis zu durchbrechen, um sinnvoller miteinander zu kommunizieren. Das Spiel greift aus der Vielfalt menschlicher Kommunikation einige Formen heraus. Man spielt sie durch, und man spricht darüber. An einem Punkt entdeckt man, was sich zwischen Menschen oder Gruppen abspielen kann. Und künftig wird man immer wieder auf ähnliche Vorgänge stoßen: in der Familie, im Freundeskreis, in der Gesellschaft und auch in der Bibel.
Die Kommunikationsforschung hat uns in den letzten Jahren ein brauchbares Handwerkszeug zur Verfügung gestellt, um den Prozessen menschlicher Kommunikation auf die Spur zu kommen und sie begrifflich zu erfassen (vgl. Kurt Frör, Kommunikationsforschung und Religionsunterricht). Einen systematischen Entwurf bieten P. Watzlawick, J.H. Beavin und D.D. Jackson: Menschliche Kommunikation, Formen, Störungen, Paradoxien. Dieses Buch war mir eine entscheidende Hilfe, um die in den Spielen zutage getretenen Kommunikationsformen klarer zu erkennen und ihren Ertrag für das Zusammenleben in den verschiedenen Lebensbereichen schärfer ins Auge zu fassen. Es gab mir auch Impulse für den Aufbau neuer Spiele. Ich halte es deshalb für angemessen und sinnvoll, die Leser jeweils darüber zu informieren, wie ein Spiel und seine Auswertung von diesem Ansatz her verstanden werden kann.
Kommunikation bedeutet im Sprachgebrauch der Kommunikations-

forschung nicht nur geglückte Verständigung und gelungene Gemeinschaft, sondern alles, was sich zwischen zwei oder mehreren Personen abspielt, gleich ob sie sich anreden oder anschweigen, ob sie Kontakt suchen oder vermeiden wollen. „Man kann nicht *nicht* kommunizieren" (Watzlawick 53). Ein Mann, der seiner Frau stumm den Rücken kehrt, gibt ihr damit ja auch sehr deutlich etwas zu verstehen, und wenn sie daraufhin regungslos stehenbleibt, so hat sie damit in spezifischer Weise reagiert, und ihre Verhaltensweise kommt bei ihm irgendwie an. Selbst die Einsiedler der alten Kirche, die in die Wüste gingen, hörten nicht auf, mit denen zu kommunizieren, die sie zurückließen. Gerade durch ihre Abgeschiedenheit demonstrierten sie, daß sie die Lebensweise ihrer Gesellschaft nicht billigten; und der starke Einfluß, den sie in der Folgezeit hatten, zeigt sehr deutlich, daß ihr Auszug aus der Gesellschaft keinen Abbruch der Beziehung darstellte, sondern eine andere Art von Kommunikation. Es ist also nicht so, daß sich der Einzelne überlegen könnte: Kommuniziere ich oder kommuniziere ich nicht? Er kommuniziert immer. Die Frage ist nur, *wie* er es tut. Kommunikation kann Leben einengen, krank machen, zerstören, oder Leben entfalten, sinnvoll machen, bereichern.

In der Seelsorge erlebe ich immer wieder, wie Menschen sich gegenseitig das Leben schwer machen, weil sie auf eine verhängnisvolle Weise miteinander kommunizieren. Und oft erfahre ich, wie sie ihre Probleme lösen können, indem sie ihre Kommunikation sinnvoller gestalten. Für viele von ihnen ist es eine ganz neue Entdeckung, daß sie auch anders miteinander umgehen können, als sie es bisher gewohnt waren. In der Erziehung sind ihnen zwar bestimmte „Umgangsformen" beigebracht worden. Sie hatten aber keine Gelegenheit, sich kritisch und fantasievoll mit der Frage zu beschäftigen: Was spielt sich zwischen uns ab? Muß unsere Beziehung so ablaufen oder gäbe es andere, vielleicht sinnvollere Spielarten der Kommunikation?

Diese Fragestellung, die durch das Erlebnis eines Spieles lebendig werden kann, könnte einen organischen Zugang zur Ethik eröffnen, und darüber hinaus zur Theologie im engeren Sinn. Denn wer einen Blick für Kommunikationsformen gewonnen hat, wird auch deutlicher wahrnehmen können, wie der Gott der Bibel mit seinem Volk, wie Jesus Christus mit seiner Gemeinde umgeht, wie Gott mit uns und wir mit Gott kommunizieren. Viele Christen bleiben an der unlösbaren Frage hängen, wer oder was Gott ist. Die Bibel antwortet auf diese Frage mit Namen, Titeln und Bildern, die letztlich keine Definition des Wesens Gottes darstellen, sondern die Beziehung verdeutlichen, die Gott mit uns aufrecht erhalten will, also die Art seiner Kommunikation mit uns: Gott nennt sich selbst „Jahwe", d.h. „Ich werde (für euch) da sein" (2. Mose 3, 14)[1]; die Gemeinde redet ihn mit „Herr", „Vater" und „Erlöser" an (Jes. 63, 16), und Jesus wird „Christus", „Sohn Gottes", „Retter" genannt (Matth. 16, 16, Luk. 2,11 u.a.), lauter Namen, die ausdrücken, wie er mit uns umgeht.

Diese Erkenntnis ist in der Theologie nicht neu. Sie könnte aber neu gefüllt werden. Wenn eine Gruppe das Wechselspiel menschlicher Beziehungen bewußter wahrnehmen lernt, wird sie auch die Geschichte der Beziehung zwischen Gott und den Menschen neu entdecken.

Der Bauplan dieses Buches

Diese Überlegungen und Erfahrungen veranlaßten mich, bei meiner Arbeit am Spiel und mit dem Spiel eine andere Richtung einzuschlagen. In „Spielend bei der Sache" habe ich versucht, möglicht viele verschiedenartige Spielmodelle zusammenzustellen und einen Überblick zu geben, wo überall sich Spiele in Lernprozesse eingliedern lassen. Es standen dabei Spiele, deren Dynamik mit der des Lernprozesses identisch ist, neben anderen, deren sachfremde Dynamik lediglich mit dem Lernprozeß gekoppelt werden kann (Spielend bei der Sache 13 und 53).

In diesem Buch möchte ich darstellen, wie der Lernprozeß von der Dynamik des Spieles ausgeht, sich zunächst auf typische Kommunikationsformen konzentriert, von da aus in das bessere Verständnis von Sachgebieten einmündet und gleichzeitig zur Bewältigung dieser Sachgebiete Hilfestellung leistet.

Durch diesen Ansatz verschieben sich die Schwerpunkte:

(1) Aus der Fülle der Spielmöglichkeiten werden nur die herausgegriffen, deren Dynamik modellartig typische Kommunikationsprozesse erfahrbar macht. Diese Beschränkung dient dazu, ein bestimmtes methodisches Vorgehen zu verdeutlichen. Daß andersartige Spiele in anderem Zusammenhang ebenso brauchbar sein können, ist unbestritten.

(2) Die hier besprochenen Spiele sind für Jugendliche und Erwachsene gedacht. Sie setzen ein gewisses Maß von Reflexionsfähigkeit voraus. Kinder sind zwar durchaus „in der Lage, über Vorgänge in

[1] G. v. Rad, Theologie des Alten Testaments I, München 1957, 182.

der Gruppe zu sprechen und zu angemessenen Vereinbarungen zu kommen“ (Wollschläger 47), und ich halte es für eine wichtige Aufgabe der Pädagogik, Kinder schon sehr früh mit den Fragen der Kommunikation vertraut zu machen. Dies müßte aber wohl mit anderen Spielen und mit anderer Methodik geschehen, etwa so, wie es Wollschläger am Beispiel der Jugendkunstschule Wuppertal beschreibt.
Die Spiele aus diesem Buch aber eigenen sich eher für die Oberklassen der Hauptschule und der weiterführenden Schulen, für Konfirmandengruppen und für alle interessierten Erwachsenengruppen wie z.B. Hauskreise junger Ehepaare, Studentengruppen, Diskussionskreise oder alle möglichen anderen Gruppierungen, die sich mit Fragen des Lebens und des Glaubens einmal auf andere Weise auseinandersetzen wollen.

(3) Neben den Spielbeschreibungen hat in diesem Buch die Methodik ein größeres Gewicht. Ich konzentriere mich dabei auf die Methode, die mir persönlich liegt und die ich praktiziert habe. Es ist gut möglich, daß für viele, die mit diesem Buch arbeiten wollen, andere Methoden brauchbarer sind. Ein gutes Spiel bietet so viele Überraschungen, daß es unsachgemäß wäre, sich auf eine Methode festzulegen. Da die hier aufgeführten Spiele aber im Rahmen einer bestimmten Methodik konzipiert sind, mag es zur Orientierung dienen, wenn auch eine Möglichkeit der Verarbeitung mitgeteilt wird.
Diese Methodik bestimmt auch den Aufbau des Buches. Die folgenden Kapitel richten sich in ihrer Thematik nach verschiedenen Aspekten der Kommunikation und verarbeiten sie jeweils in sechs Elementen:

1. Vorstellung eines Spiels
2. Methodische Durchführung und Auswertung dieses Spiels
3. Ergebnisse der Kommunikationsforschung
4. Ähnliche Kommunikationsprozesse in unserer Umwelt
5. Ähnliche Kommunikationsprozesse in Bibel und Theologie
6. Weitere Spiele

Zu den Elementen 4 und 5 ist methodisch noch folgendes anzumerken: Eine Möglichkeit der Spielauswertung besteht darin, unmittelbar nach dem Spiel parallele Prozesse in den verschiedensten Bereichen zu suchen, so wie es in den folgenden Kapiteln gehandhabt wird. In der Unterrichtspraxis und in anderen Gruppen, die kontinuierlich arbeiten, empfiehlt sich aber ein anderes Vorgehen: Man wertet das Spiel zunächst im Blick auf ein begrenztes Sachgebiet gründlich aus, verweilt also nicht zu lange bei einer oberflächlichen Sammlung von Parallelen. Wenn man dann später auf andere Themen zu sprechen kommt, greift man auf die Erfahrungen zurück, die die Gruppe beim Spiel gewonnen hat. Das intensive Erlebnis des Spiels geht der Gruppe nicht verloren. Oft fällt es den Teilnehmern selbst wieder ein. So kann eine Reihe von modellhaften Kommunikationsspielen immer wieder zur Erhellung aktueller Probleme herangezogen werden.

II. Auswertung

Ein Spiel ist ein geschlossenes Ereignis. Der Spielprozeß hebt sich eindeutig vom sonstigen Gruppengeschehen ab und eignet sich deshalb dazu, Gegenstand des Gruppengespräches zu werden. Bei der Auswertung spricht die Gruppe über ihre eigene Kommunikation im Spiel: sie „metakommuniziert".

Goldene Hochzeit **1**

Familienfest: Das Ehepaar Möllinger feiert die goldene Hochzeit. Um die festlich gedeckte Kaffeetafel sitzen:

das Jubelpaar, Herr und Frau Möllinger (über 70)
deren Sohn und Schwiegertochter Karl und Marga Möllinger (ca. 45)
deren Sohn Klaus (16) und Tochter Karin (19)
Karins Verlobter Richard Hoffmann (22)
der Pfarrer, der zum Gratulieren gekommen ist.

Die Unterhaltung plätschert freundlich-unverbindlich dahin; man erzählt sich dieses und jenes, läßt vergangene Zeiten lebendig werden usw. Das Gespräch nimmt eine jähe Wende, als Klaus sich mit den Worten „Ich muß jetzt gehen, Peter schmeißt heute eine Party!" erheben will. Sein Vater explodiert. ...
Es war nämlich folgendes passiert: Am Morgen des Festtages hatte Klausens Mutter beim Aufräumen seines Zimmers einen Brief entdeckt, aus dem sie entnahm, daß bei den Parties der jungen Leute Sex und Hasch eine gewisse Rolle spielten. Frau Möllinger hatte empört ihren Mann gerufen, beide waren außer sich, beschlossen aber, den Festtag der Großeltern nicht zu stören. Am nächsten Tag wollte man sich den Klaus vornehmen. Der Vorsatz allerdings fällt, als Klaus das Reizwort „Party" sagt. Es wirkt auf seinen Vater wie ein rotes Tuch. — Die Gruppe spielt diese Szene ca. 10 Minuten vor und 20 Minuten nach dem Wendepunkt.

Dieses Spiel wurde ursprünglich im Predigerseminar für die Ausbildung von Pfarrern konzipiert. Es diente zur Darstellung einer kritischen Situation, die es dem Pfarrer nicht leicht machte, eine angemessene Rolle zu spielen. Der Spielkonflikt wird aber in anderen Jugend- oder Erwachsenengruppen oder — noch besser — in Grup-

pen mit Jugendlichen *und* Erwachsenen nicht weniger dramatisch verlaufen. Allerdings gewinnt die Situation noch an Wirklichkeitsnähe, wenn nicht alle Spieler von vornherein den geplanten Ablauf kennen, sondern wenn jeder – nach dem Modell des Entscheidungsspiels – nur das weiß, was er zu Beginn der Spielhandlung wissen kann. Das bedeutet: Das Jubelpaar, Karin, ihr Verlobter und der Pfarrer werden lediglich darüber informiert, daß die Goldene Hochzeit des Ehepaars Möllinger gefeiert wird. Man kann ihnen ja erklären, es ginge darum, den Stil solcher Familienfeierlichkeiten einmal auszuprobieren.
Klausens Eltern erhalten die ganze Rollenanweisung (wie oben), dazu ein Exemplar des gefundenen Briefes. Er könnte etwa so lauten:

> Lieber Klaus,
> auf Peters Party möchte ich nun doch lieber nicht mitkommen. Was das letzte Mal dort los war, hat mir gereicht. Mir war so schlecht von dem Zeug, das Uli mitgebracht hat. Außerdem treiben's einige von Euch schon ein bißchen zu weit. Die meinen, sie könnten alles mit uns machen! Ich bin da vielleicht ein bißchen komisch, aber mir liegt das nicht so wie den andern Mädchen. Trotzdem viel Spaß, und sag den andern einen schönen Gruß!
> Deine Lilo

Klaus darf nicht wissen, daß seine Eltern den Brief gefunden haben. Er muß ihn aber kennen. Wir geben ihm deshalb folgende Information zusammen mit dem Brief:

> Die Party, von der Lilo in diesem Brief schreibt, findet heute abend statt. Du hast Lilo gefragt, ob sie mitgeht. Sie war sich noch unschlüssig. Ihre Absage trifft Dich nicht sehr, Lilo bedeutet Dir wenig. Auf Peters Party gibts andere nette Mädchen, und außerdem ist allerhand los, wie Du aus dem Brief sehen kannst. Du wirst auf jeden Fall hingehen. An der Familienfeier nimmst Du anstandshalber teil, aber punkt 5 Uhr (= 10 Minuten nach Spielbeginn) stehst Du auf und sagst: „Ich muß jetzt gehen, Peter schmeißt heute eine Party!"

Das Spiel zu beenden, ist Sache des Spielleiters. Er wird natürlich die Handlung nicht unterbrechen, solange die Auseinandersetzung in vollem Gang ist, auch wenn die vorgeschlagenen 20 Minuten längst überschritten sind. Oft findet das Spiel einen natürlichen Abschluß: Die „Festgesellschaft" löst sich auf, oder der Vater zieht einen Schlußstrich unter die unschöne Debatte, indem er Klaus zu einer Strafe verdonnert. Es kann aber auch anders kommen: Die Auseinandersetzung hat ihren Höhepunkt überschritten, beginnt sich im Kreis zu drehen, und neue Gesichtspunkte oder Spannungsmomente sind nicht mehr zu erwarten. Dann findet die Aufforderung: „Ich glaube, wir beenden jetzt das Spiel!" ein Echo der Erleichterung: Welch ein Glück, wir können aufhören! Wir können aus dem Spiel aussteigen. Wäre es kein Spiel, sondern Ernst, wir säßen vielleicht noch Stunden und kämen doch keinen Schritt weiter.

Das Spiel als geschlossenes Ereignis

Wie können wir nun solch ein Spiel in einen Lernprozeß eingliedern und für bestimmte Lernziele fruchtbar machen?

Formal gesehen könnte man ein Spiel ein „geschlossenes Ereignis" nennen, d.h. es bildet eine deutlich abgegrenzte Einheit, die sich von anderen Gruppenvorgängen abhebt und nicht mit ihnen vermischen läßt. Anfang und Ende sind eindeutig markiert, und durch die Vereinbarung, ein Spiel zu beginnen, versetzt sich die Gruppe auf eine andere Erlebnisebene, die sie mit dem Spielende wieder verläßt.
Es liegt nahe, mit dem geschlossenen Ereignis Spiel ebenso umzugehen wie mit anderen geschlossenen Ereignissen, die aus Unterrichtspraxis und Gruppenarbeit geläufig sind, nämlich nach dem Dreischritt: 1. Vorbereitung, 2. Erlebnis, 3. Auswertung.
Ein Gruppenleiter arbeitet z.B. mit einem Film. Er wird

1. der Gruppe bekanntgeben, um welchen Film es sich handelt, wird einiges (nicht zu viel!) über den Drehbuchautor, den Regisseur und über deren Konzept mitteilen, und er wird vielleicht begründen, warum er den Film gerade an dieser Stelle des Lernprozesses zeigt. Damit stellt er das folgende Erlebnis in einen bestimmten Zusammenhang und setzt bereits einen Akzent für das Ansehen des Films und für die Auswertung.

2. wird er den Film laufen lassen, normalerweise ohne Unterbrechung. Er kann es auch für sinnvoll halten, den Film zwischendurch einmal anzuhalten und ein Stück Auswertung einzufügen. Damit springt er sozusagen zwischen den zwei Ebenen des Erlebnisses und der Auswertung hin und her. Aber er kann sie nicht vermischen. Versucht er dies dennoch durch ständige Kommentare, während der Film läuft, so wird sich die Gruppe bald gegen diese unerträgliche Störung zur Wehr setzen, es sei denn, der Film ist so langweilig, daß er durch geistvolle Zwischenrufe gewürzt werden muß.

3. wird die Gruppe, wenn der Film zuende ist, über das Erlebte diskutieren. Sie wird ihre Eindrücke wiedergeben, zur dargebotenen Problematik Stellung nehmen, eigene Erfahrungen dazu beitragen, und wenn der Film schon früher besprochene Probleme neu beleuchtet, wird die Auswertung den Lernprozeß fortsetzen und neue Fragestellungen aufreißen, die in weiteren Lernschritten bewältigt werden können. Ähnlich arbeitet man mit allen geschlossenen Ereignissen wie z.B. einer Geschichte, einem physikalischen Experiment, einer Schallplatte oder einer Veranstaltung, die die Gruppe besucht.

Ein Spiel wird grundsätzlich nicht anders verarbeitet. Zur Veranschaulichung sollen nun am Beispiel der GOLDENEN HOCHZEIT Möglichkeiten dargestellt werden, wie der Dreischritt Vorbereitung — Erlebnis — Auswertung gestaltet werden kann.

1. *Vorbereitung*

Es wird hier vorausgesetzt, daß die Gruppe bereit ist, sich auf ein Spiel einzulassen. Was der Spielleiter tun kann, um diese Bereitschaf zu fördern, soll gesondert abgehandelt werden (S. 147, Die Taktik des Anbietens).
Die Vorbereitung gilt einerseits dem Spiel, andererseits der Auswertung. Für das Spiel werden die Mitspieler vorbereitet, für die Auswertung die Zuschauer.

Die Spielvorbereitung beginnt mit der Wahl der Spieler. Der Spielleiter nennt der Gruppe die Rollen und deutet kurz an, was gespielt werden soll. In unserem Beispiel: „Es soll ein Familienfest, eine goldene Hochzeit, dargestellt werden. Folgende Personen nehmen daran teil: ...“ Dann wartet er ab, bis die Gruppe sich geeinigt hat, wer welche Rolle übernimmt. Er kann auch bei der Wahl der Spieler aktiv eingreifen oder die Spieler schon festlegen und informieren, bevor sich die Gruppe trifft. Dieses Verfahren hat aber einen Haken: es kann ihm passieren, daß er bei der Auswertung gefragt wird: Warum hast du gerade mir diese Rolle zugeteilt? Der Argwohn der Spieler, sie seien vom Spielleiter „hereingelegt“ worden, ist schwer zu zerstreuen, gleich ob dieser bei der Rollenzuteilung irgendwelche Hintergedanken hatte oder nicht. Solche Vermutungen können sich bei der Auswertung störend auswirken, und darum tut man gut daran, sich bei der Rollenwahl zurückzuhalten, auch wenn dadurch mehr Zeit „verloren geht“. Wenn die Spieler feststehen, werden ihnen die Spielregeln und Rollenfunktionen erklärt. Bei der GOLDENEN HOCHZEIT erhält also jeder Spieler seine Information, am besten schriftlich, der Spielleiter steht für Rückfragen zur Verfügung und vergewissert sich, daß allen klar ist, was sie zu tun haben (vgl. Spielend bei der Sache 14). Die Szene wird hergerichtet, das Spiel kann beginnen.

Die Vorbereitung der Auswertung kann gleichzeitig mit der Instruktion der Spieler beginnen: Der Spielleiter bittet einen Assistenten, den Zuschauern Beobachtungsaufgaben zu geben, während er selbst in einem anderen Raum die Spieler vorbereitet. Beobachtungsanweisungen setzen Akzente für die Auswertung. Sie lenken den Blick auf bestimmte Aspekte der Spielhandlung, und wenn sich die Beobachter daran halten (wenn!), kommt der Spielleiter bei der Auswertung schneller zu dem Ziel, das er sich vorgenommen hat. Eine Spielhandlung ist außerdem so vielschichtig, daß ein Einzelner unmöglich auf alles achten kann, was da geschieht. So können verschiedene Beobachtungsaufgaben der Gruppe helfen, ein mehrdimensionales Bild vom Spielablauf zu zeichnen. Andererseits sollte man sich nicht sklavisch an solche Anweisungen halten. Sie dienen als Orientierungshilfe und nicht als Scheuklappen. Oft sagt ein Zuschauer, wenn man ihm eine Beobachtungsaufgabe geben will: „Ich möchte lieber auf alles achten, was mir auffällt". Wahrscheinlich wird dieser Teilnehmer wesentlich weniger zur Auswertung beitragen, wenn er sich gezwungenermaßen auf nur einen Punkt konzentriert. Jedenfalls liefern auch Gruppen ohne festgelegte Beobachtungsanweisungen gute Auswertungen, z.B. wenn gar keine Zuschauer da sind, weil die ganze Gruppe mitspielt.

Vorschläge für Beobachtungsaufgaben

a) Einzelbeobachtung: Jeder Zuschauer konzentriert sich auf einen Spieler und registriert seine Aktionen und Reaktionen, Angriffe, Rückzieher, die Art seiner Argumentation, seine Emotionen usw.

b) Beobachtung von Funktionen: Jeder Zuschauer konzentriert sich auf einen bestimmten Verhaltensaspekt und registriert, wann und bei wem er vorkommt, z.B. Aggression, Ausweichen, Angst, Wünsche äußern, Verstehen und Mißverstehen, Vermitteln, Bündnisse; wie reagieren die andern darauf? ferner Auffälligkeiten in der Art des Sprechens (z.B. Schreien, Flüstern, Stottern, ins Wort fallen), in der Ausdrucksweise (signifikante Redewendungen), in den Gebärden (z.B. mit dem Finger zeigen, zufriedenes Grinsen).

c) Gruppenbeobachtung: Der Zuschauer konzentriert sich auf einen Aspekt des gesamten Spielprozesses: Soziogramme zeichnen (Grundriß der Sitzordnung, Verbindungsstriche zwischen Personen, die einander ansprechen; ca. alle 5 Minuten neues Soziogramm beginnen, um die Entwicklung zu registrieren), Sätze zählen (wer redet am meisten, wer am wenigsten?), Stimmungskurve, Spannungskurve, Parteibildung (wer hilft zu wem?), Machtverteilung (wer gibt den Ton an, wer setzt sich durch?), Runden (eine neue Runde beginnt, wenn die Debatte durch einen neuen Gesichtspunkt neu entfacht wird; wer eröffnet die Runde? Wer gewinnt?).

d) Thematische Beobachtung: Die Zuschauer konzentrieren sich darauf, wie eine bestimmte Thematik verhandelt wird, z.B. der Generationenkonflikt, das Drogenproblem, das Thema Sexualität.

All diese Beobachtungsaufgaben dienen nicht zur Beurteilung der Spieler im Sinn von richtig oder falsch, gut oder schlecht. Sie sind dazu da, um das Spielgeschehen deutlicher wahrzunehmen. Beurteilungskriterien würden voraussetzen, daß alle Spieler sie kennen und sich bemühen, ihnen zu entsprechen. Davon wird bei der Übung FAIRER STREIT (S. 79) noch die Rede sein.

2. Erlebnis

Wenn das Spiel begonnen hat, erleben Zuschauer und Spielleiter das Geschehen schweigend mit. Die Spieler haben sich in die vereinbarte Fantasiewelt begeben, und jede Unterbrechung würde den angelaufenen Prozeß empfindlich stören. Eingriffe des Spielleiters können höchstens dann nötig werden, wenn das Spiel in eine Sackgasse zu geraten droht. Z.B. konnte es passieren, daß bei der GOLDENEN HOCHZEIT Klaus nach der ersten Explosion des Vaters spornstreichs die Wohnung verläßt. Der Spieler des Vaters war vielleicht darauf eingestellt, sich jetzt mit seinem Sohn auseinanderzusetzen, und wird unsicher, ob er weiterspielen soll oder nicht. In diesem Fall hilft es der Gruppe, wenn der Spielleiter die Situation klärt: „Das Spiel geht weiter!" Gesprächsstoff wird ja auch so noch genügend vorhanden sein. Er kann dann u.U. draußen mit Klaus überlegen, wann und wie er wieder in die Familie hineinplatzen könnte.

Bei Regelspielen kommt es oft vor, daß die Spieler noch nicht ganz mit den Spielregeln vertraut sind. Auch da ist natürlich eine klärende Unterbrechung angebracht, zumal Regelspiele nicht so empfindlich gegen Störungen sind wie Rollenspiele.

3. Auswertung

Unmittelbar nach Spielende ist es in der Regel überflüssig, einen

Anstoß für das Gespräch zu geben. Die Gruppe hat ein spannungsreiches Erlebnis hinter sich und beginnt von selbst, lebhaft das Geschehene zu besprechen. Oft beginnt ein Teilnehmer damit, daß er einem anderen bestätigt, wie vortrefflich er seine Rolle gespielt habe. Daraus entwickelt sich eine allgemeine gegenseitige Anerkennung der schauspielerischen Leistungen, die den Spielern wohltut und die man nicht vorschnell beiseite schieben sollte. Die Spieler haben sich bereit gefunden, eine Rolle zu gestalten, womöglich eine unsympathische, sie haben diese Rolle und sich selbst dargestellt, vielleicht sogar ein Stück weit bloßgestellt. Sie haben Belohnung verdient, und wenn die Gruppe sie gewährt, ebnet sie damit gleichzeitig die Bahn für die Auswertung in einer fröhlichen und gelockerten Atmosphäre.

Nicht selten erklärt einer der Spieler bei der Auswertung, so ein Spiel sei eben doch eine „unechte Situation", und er würde sich im Ernstfall völlig anders verhalten als eben in seiner Rolle. Hinter solchen Bemerkungen steckt oft die verständliche Angst, man könnte im Spiel etwas preisgegeben haben, was man vielleicht lieber vor den andern verbergen würde. Man fürchtet, die anderen könnten das dargestellte Verhalten (vielleicht mit Recht?) für „echt" halten, und betont deshalb die Unechtheit des Spiels.
Der Spielleiter tut gut daran, den Spielern diesen Schutz zu lassen. Es *war* ein Spiel, und Frau X ist darin nicht als Frau X aufgetreten, sondern als Frau Möllinger. Das war vereinbart, und das soll gelten. Und es ist ja auch eine Tatsache, daß wir uns im Spiel anders verhalten als sonst. Mancher ist durch die Zuschauer gehemmt, ein anderer kann sich im Spiel Aggressionen erlauben, die er sonst zurückhält. Und so ist es recht fruchtlos, darüber zu streiten, wie „echt" sich dieser oder jener im Spiel verhalten habe. Daraus könnte schlimmstenfalls ein psychisches Kesseltreiben werden, das die Angst des Betroffenen – und damit auch die Angst anderer Spieler – steigert, so daß an eine besonnene Verarbeitung nicht mehr zu denken ist.
Am besten trifft man in solchen Situationen mit der Gruppe eine Vereinbarung: „Wir sind uns darüber einig, daß wir in der Wirklichkeit manches anders machen würden als in diesem Spiel. Wir müssen uns aber jetzt entscheiden, was wir besprechen wollen: Die Art und Weise, wie wir uns sonst im Leben verhalten, oder dieses Spiel, wie es gelaufen ist und wie wir es erlebt haben. Beides nebeneinander geht schlecht." Wenn die Gruppe sich für das Spiel als Gesprächsgegenstand entschließt, kann man noch zusätzlich vereinbaren, daß man von Frau Möllinger, Klaus und Karin spricht und nicht von

 Frau X, Herrn Y und Fräulein Z. Die Verwendung der Rollenbezeichnungen statt der persönlichen Namen erleichtert die Konzentration auf das Spielgeschehen.
Spiele haben den Vorteil der Verfremdung. Ich kann mich selbst erleben, ohne auf dieses Verhalten festgelegt zu werden. Das erleichtert es vielen Menschen, für die Selbsterfahrung noch Neuland ist, sich mit persönlichen Fragen zu beschäftigen. Der Lernprozeß wird durch die Verfremdung nicht ausgeschaltet. Es kann gut sein, daß ein Vater, der Herrn Möllinger gespielt hat und hinterher sehr betont hat, wie „unecht" er sich in diesem Spiel verhalten habe, bei der nächsten Auseinandersetzung mit seinem wirklichen Sohn plötzlich recht deutlich an seine Rolle im Spiel erinnert wird, und daß er die Auswertung des Spiels in seinem persönlichen Bereich fortsetzt.

Wenn sich die Gruppe über diese Vorfragen verständigt hat, dürfte nichts mehr im Weg stehen, die eigentliche Auswertung zu beginnen, d.h. sich mit dem Spiel selbst zu befassen. Die Beobachter teilen ihre Eindrücke mit, die Spieler berichten, wie sie selbst die Handlung erlebt haben und welche Empfindungen sie dabei hatten. Der Spielleiter konzentriert sich vor allem darauf zu hören, was die Teilnehmer wahrgenommen haben. Die Einfälle der Gruppe, nicht seine eigenen, sind das Material, mit dem er das Spiel auswerten kann. Wenn er seine eigenen Beobachtungen mitteilt, muß er sich darüber klar sein, daß sie nicht mehr sind als die Wahrnehmungen eines Gruppenmitglieds, die wie alle anderen in das Mosaik der Beobachtungen eingefügt werden.
An dieser Stelle wird deutlich, daß es kaum möglich ist, das Ergebnis einer Spielauswertung vorauszusagen. Ich bin verschiedentlich aufgefordert worden, für jedes Spiel ein Lernziel zu formulieren, wie das in der curricularen Methode üblich und nützlich ist. Man kann das natürlich versuchen; aber ob man gerade dieses Lernziel auch erreicht, ist sehr fraglich. Erstens wissen wir nicht, in welche Richtung sich das Spiel entwickelt. Wir können ziemlich sicher sein, daß es Überraschungen bringen wird, an die wir nicht gedacht haben. Zweitens liefert das Spiel so vielfältige Anregungen, daß die Teilnehmer wahrscheinlich ganz andere Einfälle haben werden, als wir uns vorgestellt haben. Die Beobachtungsanleitungen lenken zwar die Auswertung in eine bestimmte Richtung, können und sollen aber das Ergebnis nicht vorherbestimmen. Deshalb wird die Auswertung desto besser gelingen, je flexibler der Gruppenleiter auf die Beiträge der Teilnehmer eingeht. Wenn ihm das gelingt, wird er auch im weiteren Verlauf des Gespräches Impulse geben

können, um den Gedankengang an entscheidenden Punkten zu vertiefen und Verbindungslinien nach rückwärts und vorwärts zu ziehen, d.h. das Spielereignis an die bisher gewonnenen Lernerfahrungen anzugliedern und neue Fragestellungen für spätere Lernschritte vorzubereiten.

Es sollen nun einige Ansätze der Auswertung skizziert und am Beispiel der GOLDENEN HOCHZEIT veranschaulicht werden. Sie schließen sich gegenseitig nicht aus. Der Gruppenleiter kann also ruhig da einsetzen, wo die Gruppe das meiste Interesse zeigt. Er wird von dort aus auf andere Gesichtspunkte überleiten können, wenn ihm diese fruchtbarer erscheinen.

a) Ansatz bei der einzelnen Rolle

Ursprünglich diente das Spiel GOLDENE HOCHZEIT dazu, die Rolle des Pfarrers zu beleuchten. Die Frage lautete also: Wie kann sich der Pfarrer in dieser Situation verhalten? Diese Frage kann man auf alle Personen des Dramas beziehen: Welche Rolle spielte Klaus, sein Vater, seine Mutter, die Großeltern usw.? Dazu werden die verschiedenen Eindrücke ausgetauscht. Der Spieler sagt, wie er sich in seiner Rolle erlebt hat, die Mitspieler schildern, wie er auf sie gewirkt hat, und die Zuschauer erklären, was sie wahrgenommen haben. So kann das Verhalten des Einzelnen aus drei Blickrichtungen dargestellt werden: aus seiner eigenen Sicht, aus der Sicht der Beteiligten und aus der Sicht relativ unbeteiligter Zuschauer. Oft ergeben die drei Blickrichtungen recht verschiedene Bilder. Z.B. kann Klaus sich selbst als verhältnismäßig zahm erlebt haben, wogegen seine Eltern ihn unverschämt und aggressiv fanden, und die Beobachter den Eindruck hatten, daß er zwar laut und überdeutlich seine Meinung sagte, sich aber nicht zu unsachlichen Beschimpfungen hinreißen ließ.
Der Sinn solcher Erlebnisvergleiche ist nicht, sich darum zu streiten, wer nun recht hat: Klaus, seine Eltern oder die Zuschauer. Vielmehr geht es um die Entdeckung, daß wir eine Person ganz verschieden erleben, je nach der Beziehung, in der wir zu ihr stehen. Und Klaus könnte die Erfahrung machen, daß sein Verhalten bei anderen anders ankommt, als er es subjektiv erlebt.
Bei der Auswertung des Rollenverhaltens scheint es mir sehr wichtig zu sein, daß sich die Gruppe auf das Hier und Jetzt, also auf die Spielhandlung beschränkt. Spielleiter und Gruppenmitglieder mit psychotherapeutischen Erfahrungen neigen oft dazu, „dahinter" zu fragen: Warum reagiert Herr X so? Welche ungelösten Probleme

in seinem persönlichen Leben veranlassen ihn dazu? Ohne Zweifel haben solche Fragestellungen im Rahmen einer fachlichen Psychotherapie oder in einer therapeutischen Gruppe ihren Platz. In einer Spielauswertung ohne qualifizierten Fachmann, für die noch dazu verhältnismäßig wenig Zeit zur Verfügung steht, sind sie sinnlos, wenn nicht sogar schädlich. Gewiß, es kommt vor, daß einem Spieler plötzlich selbst ein Licht aufgeht, wie z.B. einem jungen Mann, der den Vater spielte und plötzlich sagte: „Jetzt verstehe ich meinen eigenen Vater. Er war genau so wie ich in diesem Spiel." Wenn aber die Beobachter anfangen, die Spieler zu analysieren, dann entwickelt sich leicht, ohne daß es die Gruppe merkt, ein verhängnisvolles „Spiel", das Eric Berne „Psychiatrie" nennt (Berne 212): Die Gruppe versucht, möglichst mit Hilfe von Fachausdrücken wie Kindheitstrauma, Verdrängung, Ödipuskomplex, Abwehrmechanismus u.a., das Verhalten der Spieler zu erklären, zu deuten und zu entlarven. „Gewonnen" hat, wer seine Interpretation durchgesetzt hat; verloren hat der Analysierte: Er weiß jetzt „genau Bescheid", warum er so ist, aber niemand verrät ihm, was er damit anfangen soll. Mit der Auskunft: „So und so habe ich dich eben erlebt" kann man etwas anfangen. Man erfährt, wie das eigene Verhalten bei anderen ankommt, und lernt daraus, daß fremdes Verhalten nicht unbedingt so gemeint sein muß, wie es bei mir angekommen ist. Von da aus führt der Weg zu neuen Versuchen, klarer und verständlicher zu kommunizieren.

b) Ansatz beim Wechselspiel

Schon bei der Betrachtung einzelner Rollen kommt man nicht umhin, ihr Verhalten innerhalb des Beziehungsgeflechts der gesamten Spielgruppe zu sehen. Keiner spielt für sich allein. Jeder reagiert auf andere und veranlaßt durch seine Reaktion wieder andere Reaktionen. So bringt uns der Ansatz bei einem einzelnen Spieler lediglich einen Ausschnitt aus einem Prozeß von Wechselbeziehungen. Das Zusammenspiel der ganzen Gruppe geht über das Verhalten jedes Einzelnen hinaus. Es ist mehr als die Summe aller Einzelaktionen (vgl. Watzlawick 129f).
Wir setzen also mit der Frage ein: Was hat sich *zwischen* den verschiedenen Rollen *abgespielt?*

Nehmen wir einmal das folgende unerfreuliche Resultat bei der Auseinandersetzung der Familie Möllinger an: Klaus ist wütend davongelaufen, obwohl ihm der Vater mit Donnerstimme befohlen hat: „Du setzt dich sofort wieder auf deinen Platz!" Nach kurzem betretenem Schweigen wirft ihm seine Frau vor: „Du hast das ganze

Fest verpatzt!“ Die Jubilare beklagen sich ebenfalls über die verdorbene Feier. Der Vater resigniert und zieht sich brummend zurück. Das Fest ist nicht mehr zu retten.
Wie ist es dazu gekommen?
Auf Klausens Ankündigung, auf die Party zu gehen, ist Vater Möllinger explodiert: „Du bleibst mir gefälligst zu Hause!“ Klaus ist verblüfft: „Wieso? Warum regst du dich denn so auf?“ Der Vater will zunächst das heikle Thema nicht zur Sprache bringen und begründet sein Verbot mit dem Familienfest. Die Jubilare mischen sich ein: Ihretwegen soll doch Klaus nicht auf sein Vergnügen verzichten! Der Vater sucht krampfhaft nach anderen Argumenten, wird hitziger, seine Frau will ihn besänftigen. Klaus, unterstützt durch seine Schwester, sieht immer noch keinen vernünftigen Grund für Vaters Verbot. Da kann sich dieser nur so retten, daß er den Brief aus der Tasche zieht und der ganzen Gesellschaft vorliest. Klaus ist empört, fühlt sich vor allen bloßgestellt und wirft dem Vater die Verletzung des Briefgeheimnisses vor. Die Eltern verbitten sich diesen Ton. Der Streit eskaliert. Karins Verlobter empfindet die Situation äußerst peinlich und verabschiedet sich. Karin geht mit ihm, wodurch Klaus seinen Bundesgenossen verliert. Der Pfarrer sieht sich veranlaßt, die Lücke zu füllen und ein gutes Wort für Klaus einzulegen. Die Eltern, die durch den Abgang des Verlobten das Fest vollends in die Brüche gehen sehen und die Enttäuschung der Jubilare fürchten, lassen den Pfarrer mit seinem Vermittlungsversuch abblitzen: „Immer soll die Jugend rechtbekommen!“ Klaus hält den Druck nicht mehr aus und macht sich aus dem Staub. Nun ist der „Missetäter“ weg, man braucht einen neuen Sündenbock: Jetzt ist der Vater an allem schuld. Er resigniert und geht.

Diese Skizze eines möglichen Spielverlaufs zeigt, daß es nicht genügt, die einzelnen Rollen zu charakterisieren, also z.B. festzustellen: Klaus hat Pupertätsprobleme, sein Vater ist ein cholerischer Patriarch, der Pfarrer hat Verständnis für die Jugend. Was sich zwischen ihnen abspielt, ist mehr, als durch Einzelbeschreibung deutlich wird. Der Spieler der Vaterrolle könnte etwa bei der Auswertung berichten: „Ich habe mir vorgenommen, zwar zunächst (laut Spielanweisung) etwas zu poltern, dann aber doch zu einem vernünftigen Gespräch bereit zu sein.“ Das gelang aber offensichtlich nicht. Warum? Er war in ein Wechselspiel mit den anderen Spielern einbezogen, das seinen ursprünglichen Vorsatz zunichte machte. Ebenso wollte der Pfarrer eigentlich allen gerecht werden und Frieden stiften. Doch plötzlich sah er sich abgestempelt als einer, der „immer“ zur

Jugend hilft. Wie kommt das? Wie kommt es überhaupt zu der Katastrophe, wo doch keiner die Familienfeier stören wollte? Die Familie Möllinger versucht die Frage zu lösen, indem sie einen Schuldigen sucht – wodurch die Lage nur noch verfahrener wird. Bei der Spielauswertung fragen wir nicht: „Wer ist schuld?", sondern: „Was hat sich in diesem Spannungsfeld der Familie Möllinger abgespielt?" Wir verfolgen den Prozeß der Wechselwirkungen und bekommen dabei einen Blick für die Kommunikation. Wir verlernen es, andere abzustempeln: Der *ist* eben so! – und lernen, an der Frage zu arbeiten: Was ist eigentlich los zwischen uns beiden? Was spielt sich ab in unserer Gruppe?

c) Ansatz beim Thema

Unser Spiel berührt mehrere Sachthemen: das Drogenproblem, die Sexualität, den Generationenkonflikt, die Freizeitgestaltung, das Feiern in der Familie. Man kann also das Spiel z.B. im Rahmen einer themenzentrierten Arbeit über Drogensucht einsetzen. Was erreicht man damit?
Sachinformationen über die Wirkung von Rauschgiften wird das Spiel nicht hergeben. Sie müssen – vorher oder hinterher – auf andere Weise vermittelt werden. Wohl aber kann uns das Spiel einen Aspekt des Drogenproblems veranschaulichen, der über die sachliche Aufklärung hinausgeht: Wir erleben die Auseinandersetzung, die das Stichwort Rauschgift in der Familie Möllinger auslöst. Diese Auseinandersetzung beeinflußt umgekehrt auch Klausens Umgang mit den Drogen, so daß wir es auch hier mit einer Wechselwirkung zu tun haben: Die Art, wie die Familie mit Klaus über das Thema Rauschgift verhandelt, ist selbst ein unlöslicher Bestandteil des Rauschgiftproblems. Der Spieler, der Klaus dargestellt hat, kann etwa bei der Auswertung schildern, wie ihm bei seinem Abgang zumute war. Vielleicht hat er sich bis jetzt zurückgehalten, aber der Krach eben hat ihn so geärgert, daß er sich sagt: „Jetzt nehme ich das Zeug gerade!" Die Gruppe kann sich nun überlegen, wie es zu dieser Trotzreaktion gekommen ist. Die Eltern Möllinger hatten ja wirklich allen Anlaß, besorgt zu sein. Sie setzten ihre berechtigte Sorge aber in eine Form der Kommunikation um, die bei Klaus das Gegenteil bewirkte.
Es soll hier nicht der Kurzschluß nahegelegt werden: Wenn Jugendliche Rauschgift nehmen, sind immer die Eltern schuld. Scharfe Auseinandersetzungen zwischen Heranwachsenden und ihren Eltern spielen sich nach ähnlichem Schema in den meisten Familien ab, ohne daß die Jugendlichen dadurch automatisch zum Rausch-

gift greifen müßten. Aber bei vielen Jugendlichen, die süchtig werden, ist die Droge ein Symbol der Zugehörigkeit zur Gruppe der Gleichalterigen und damit ein Zeichen der Ablösung vom Elternhaus. Den Ablösungsprozeß mit seinen schmerzlichen Konflikten für alle Beteiligten kann das Spiel verdeutlichen, und die Auswertung kann dazu beitragen, mit Eltern und Jugendlichen sinnvollere Kommunikationsformen für diesen schwierigen Prozeß zu suchen. Sowohl das Rauschgift als auch die kontrollierende Strenge der Eltern könnten sich dabei als untaugliche Mittel erweisen, die Freiheit und Verantwortung nicht fördern, sondern verhindern.
Ähnlich können andere Sachthemen durch das Spiel in den lebendigen Bezugsrahmen gestellt werden, mit dem sie unlöslich verflochten sind. Das gilt auch für den theologisch-ethischen Ansatz, der, methodisch gesehen, ja auch ein thematischer Ansatz ist. Geht man z.B. vom vierten Gebot aus, so kann man den Generationenkonflikt nicht außer Acht lassen, wenn man nicht wirklichkeitsfremd in abstrakten Kategorien hängenbleiben will. Das Spiel liefert einen Erlebnishintergrund, auf dem die Beziehung zwischen Eltern und Kindern konkret durchgearbeitet werden kann. Bei der GOLDENEN HOCHZEIT sind sogar drei Generationen vertreten. Das Gebot, die Eltern zu ehren, kann also nicht nur mit dem Verhalten der Jugendlichen, sondern ebenso mit der Beziehung der Erwachsenen zu den Alten konfrontiert werden. Und das Spielereignis wird dazu beitragen, über ein grundsätzlich-eingleisiges „Man soll" und „Man darf nicht" hinauszukommen zu seelsorgerlich-detaillierten Überlegungen, wie man die Beziehung zu den Eltern und zu den Kindern gestalten kann.

d) Spiel ohne Auswertung

Es muß nicht immer ausgewertet werden. Spiele sind zu allererst zum Spielen gemacht. Sie machen Spaß und sind sich selbst Zweck genug. Wenn eine Gruppe die GOLDENE HOCHZEIT spielt und sich daran freut, in andere Rollen zu schlüpfen und eine Fantasiewelt zu erleben, ohne darüber hinaus einen pädagogischen Zweck zu erfüllen – warum nicht? Sie tut damit nichts Nutzloses.
Kinder demonstrieren uns den ursprünglichen Sinn des Spieles: Sie probieren Möglichkeiten aus, die sie in der Realität (noch) nicht haben: Sie spielen Vater und Mutter, Braut und Bräutigam, Kaufmann und Kunde, Räuber und Gendarm, Hexe und Zauberer. Ihr Spiel zeigt die Zuversicht, daß ihnen das Leben noch andere Gestaltungsmöglichkeiten eröffnen wird, die über die gegenwärtigen Grenzen hinausreichen. Kinder reflektieren gewöhnlich nicht über ihre selbst

erfundenen Spiele. Und trotzdem hat für sie das Spiel Sinn und Wert.
Wenn es auch zum Erwachsenwerden gehört, über Erlebtes nachzudenken und sich klar zu machen, was da geschehen ist, so können sich doch auch Erwachsene guten Gewissens erlauben, gelegentlich alle Reflexion beiseite zu lassen und einfach drauflos zu spielen – weil es Spaß macht, weil es entlastet, weil man sich dabei auch die dümmsten Streiche leisten kann, ohne die Konsequenzen fürchten zu müssen. Sie nehmen sich die Freiheit, einmal ganz anders zu sein und die üblichen Beschränkungen nicht gelten zu lassen. G. Wollschläger beschreibt diese entscheidende Phase der „Sensibilisierung" als Voraussetzung aller Kreativität (Wollschläger 51ff). Wenn der Spaß am Spiel verloren geht, weil man nur noch auf Auswertung hinspielt, wird auch die Auswertung nur noch magere Früchte bringen. Es ist sicher besser, einmal auf die Auswertung zu verzichten, als der Gruppe durch ein Übergewicht an Auswertung den Spaß am Spiel zu verderben.

Metakommunikation

Es sind nun mehrere Ansätze für die Auswertung eines Spieles geschildert worden. Trotz der Verschiedenheit des Ausgangspunktes haben sie eines gemeinsam: Das auswertende Gespräch kreist um die Kommunikation der Spieler. Wie sie miteinander umgegangen sind, was sich zwischen ihnen abgespielt hat, das ist in jedem Fall das Material, das ausgewertet wird, gleich ob wir von der einzelnen Rolle, vom Wechselspiel oder von einem Thema ausgehen.
Wir haben gesehen, daß sich das Spiel als geschlossenes Ereignis deutlich vom Gruppengespräch abhebt und so eine eindeutige Trennung von Erlebnis und Auswertung ermöglicht. Darin ist es mit anderen geschlossenen Ereignissen formal vergleichbar. Nun sehen wir aber doch einen entscheidenden Unterschied: Wenn eine Gruppe einen Film ansieht oder eine Geschichte hört, wird das Ereignis von außen in die Gruppe eingebracht. Die Teilnehmer erleben etwas mit, an dem sie selbst nicht aktiv beteiligt sind. Anders beim Spiel: Hier wird das Ereignis von denselben Leuten gestaltet, die später darüber sprechen. Zwar bringt der Spielleiter das Material und die Spielregeln von außen ein, aber der Spielprozeß selbst erwächst aus der Kommunikation der Teilnehmer. Das bedeutet, daß dieselben Leute bei der Auswertung darüber miteinander sprechen, wie sie (im Spiel) miteinander gesprochen haben und miteinander umge-

gangen sind. Sie kommunizieren über ihre eigene Kommunikation.
In der Terminologie der Kommunikationsforschung: sie „metakommunizieren“ (Watzlawick 41).
Metakommunikation ist immer dann nötig, wenn die Kommunikation problematisch geworden ist. Verfahrene Familiensituationen, Eheschwierigkeiten, Erziehungsprobleme, Unstimmigkeiten in Gemeinden, Schulen und Betrieben sind meistens Ausdruck einer unsachgemäßen Weise, miteinander umzugehen. Um etwas daran zu ändern, müßten sich die Beteiligten über die Art ihrer Kommunikation verständigen, also metakommunizieren. Dies ist aber leichter gesagt als getan.
Stellen wir uns einmal vor, während der Familiendebatte der Möllingers (gleich, ob im Spiel oder in der Wirklichkeit) käme ein Beteiligter, z.B. Klaus, auf die Idee, *über* die Art der Auseinandersetzung zu sprechen. Das könnte sich folgendermaßen anhören:

Klaus: Ich habe eben versucht, euch zu erklären, was da auf Peters Party los ist, aber ihr hört gar nicht zu und schimpft nur weiter, als ob ich wer weiß was verbrochen hätte.

Vater: Muß ich mir von einem Grünschnabel wie dir Vorschriften machen lassen, he?

Klaus (gereizt): Ich wollte ja nur sagen, daß wir in einem anderen Ton die Sache viel besser klären könnten.

Mutter: Dann ändere mal deinen Ton! Und sag's mal deinen feinen Freunden, daß sie ihren Ton ändern sollen!

Der Versuch scheitert, wie wir sehen. Klaus will metakommunizieren, um den Verhandlungsstil zu ändern, erreicht aber nur, daß die Familie im selben Stil mit ihm metakommuniziert: Der Vater geht nicht auf Klausens Anliegen ein, sondern schimpft ihn, weil Klaus gesagt hat, daß er nicht auf sein Anliegen eingeht, sondern nur schimpft. Die Mutter gibt Klausens Vorschlag, in einem anderen Ton zu reden, an ihn als Vorwurf zurück und verschärft den alten Ton noch durch den Angriff auf die Freunde. Klaus wird es jetzt kaum mehr fertigbringen, selbst – einseitig – einen anderen Ton anzuschlagen.
Die Schwierigkeit besteht darin, daß sich Metakommunikation während einer Familiendebatte oder einer anderen Auseinandersetzung praktisch nicht von der Kommunikation mit ihren Schlagseiten abgrenzen läßt (vgl. Watzlawick 41f). Jeder Versuch, solch ein „offenes Ereignis“ zum Gegenstand der Reflexion zu machen, ist von denselben Schwierigkeiten belastet, die man eben durch die Reflexion lösen will.
Ein Lehrer beginnt z.B. in einer Klasse zu unterrichten, die es nicht

 gewohnt ist, offen zu diskutieren. Die Schüler geben auf die Fragen des Lehrers Antworten, von denen sie meinen, daß sie der Lehrer hören möchte. Was sie eigentlich bewegt, wird dem Nachbarn zugeflüstert oder in der Pause verhandelt. Der Lehrer stellt sich das Klassengespräch anders vor. Er versucht deshalb, die Klasse zur Metakommunikation anzuregen: „Wir sollten uns einmal darüber unterhalten, wie wir miteinander den Unterricht gestalten wollen. Sagt doch einmal ganz offen eure Meinung dazu!" – Wahrscheinlich wird die Klasse zunächst zu tuscheln beginnen oder schweigen, vielleicht werden einige Schüler den Druck spüren, daß man eine Lehrerfrage doch beantworten muß, und eine nichtssagende Antwort liefern, z.B. „Der Unterricht soll interessant sein." Das Gespräch *über* die Art der Unterrichtsgestaltung wird gerade *durch* die Art der Unterrichtsgestaltung, die die Schüler gewohnt sind, blockiert.

Bessere Chancen für ein Gespräch über den Unterrichtsstil hätte der Lehrer, wenn es ihm gelänge, dieses aus dem normalen Unterrichtsgeschehen herauszunehmen. Eine gemütliche Plauderei in der Eisdiele mit einigen aus der Klasse könnte zum Erfolg führen. Hier gelten andere Spielregeln, hier sitzt man nicht auf Schulbänken und der Lehrer steht nicht am Katheder. Vielleicht hilft es auch schon, wenn der Lehrer die Metakommunikation durch andersartige Strukturierung zu einem geschlossenen Ereignis macht, indem er seine Frage schriftlich und anonym beantworten läßt. Er unterbricht dadurch die übliche Kommunikationsform und steckt ein Feld ab, in dem Gedanken *über* die Unterrichtsgestaltung geäußert werden können.

Ebenso könnte sich Familie Möllinger, wenn der erste Sturm vorüber ist, darauf einigen, eine Familienkonferenz über den Vorfall anzusetzen. In diesem abgesteckten Feld wäre es leichter möglich, die aufgebrochenen Beziehungsprobleme durchzusprechen. Hier könnte auch der Pfarrer eine nützliche Rolle spielen, was ihm während des Streites nicht gelingen konnte: Er könnte klärend und beratend zu einer vernünftigeren Gestaltung des Familienlebens beitragen.

Je deutlicher Metakommunikation von der Kommunikation abgegrenzt ist, desto mehr Aussicht auf Erfolg hat sie. Bei den beiden Beispielen wurde vorgeschlagen, die Metakommunikation von der Kommunikation abzusetzen. Beim Spiel ist es umgekehrt: Die Kommunikation wird zum geschlossenen Ereignis und ist dadurch der Auswertung zugänglich. Die auswertende Gruppe übt sich dabei, darüber zu sprechen, wie einer mit dem anderen umgeht. Was sie am Spiel trainiert hat, wird sie mit der Zeit auch ohne Spiel schaffen. Sie wird auch bei aktuellen Anlässen die Frage verarbeiten können: „Was hat sich jetzt eigentlich zwischen uns abgespielt?"

Lebendige Prozesse in der Gesellschaft und in kleinen Gruppen, die zu sinnvollen Veränderungen führen, vollziehen sich *im organischen Wechsel zwischen Kommunikation und Metakommunikation.* Kommunikation allein verläuft bald in eingeschliffenen Bahnen. Andererseits kommt es zum Leerlauf, wenn man ständig nur metakommuniziert, also nur darüber debattiert, wie die Gesellschaft, die Kirche, die Familie funktionieren sollte. Im kirchlichen Bereich habe ich manchmal den Eindruck, daß statt einer organischen Wechselwirkung eine gewisse Zweigleisigkeit praktiziert wird: Die Gemeinde kommuniziert mehr oder weniger für sich, und die theologische Wissenschaft metakommuniziert mehr oder weniger für sich.
Man kann den Glauben als Kommunikation zwischen Gott und Mensch beschreiben. Ich habe mit Gott zu tun und Gott hat mit mir zu tun durch das Evangelium und meine Antwort darauf. Die Theologie reflektiert über den Glaubensprozeß, korrigiert, informiert und beschreibt. D.h. sie metakommuniziert über den Glauben.
Das Leben des Christen bedeutet Kommunikation mit seinen Mitmenschen und mit der Gesellschaft. Die theologische Ethik untersucht, was im zwischenmenschlichen und gesellschaftlichen Bereich vorgeht, und konfrontiert dies mit der biblischen Botschaft. D.h. Ethik ist Metakommunikation.
Die christliche Gemeinde ist das Feld der Kommunikation im Dreieck zwischen Gott, dem Einzelnen und der Gemeinschaft. Ekklesiologie, kirchliche Soziologie und Liturgik metakommunizieren über diese Dreiecksbeziehung.

Entscheidend für den Lebensprozeß unserer Kirche wird sein, daß sich die beiden Funktionen aufeinander beziehen. Theologie begann im Alten und Neuen Testament damit, daß Ereignisse reflektiert wurden, und die Reflexion wirkte auf die Gemeinde zurück, die von den Ereignissen betroffen war. Vielleicht können Spiele einen bescheidenen Anstoß geben, Ereignisse wahrzunehmen und vom Erlebten her konkret zu metakommunizieren, aus den abstrakten Höhen theologischer Begrifflichkeit herabzufinden in den Lebensprozeß der Kirche Jesu Christi.

Es folgen nun zwei Entscheidungsspiele, die sich mit der Kommunikation innerhalb der Kirchengemeinde befassen. DER BESCHWERDEBRIEF konstelliert eine Auseinandersetzung zwischen den Verantwortlichen der Gemeinde, bei SCHLAFSTÖRUNGEN wird ein Konflikt zwischen verschiedenen Gruppierungen ausgetragen. Beide Spiele wurden für Gemeindefreizeiten geschaffen, wo Gemeindeglieder aller Altersstufen über ein Wochenende beisammen waren.

2 Der Beschwerdebrief

Georg Schäfer
Mesner

An das Pfarramt

Als ich gestern abend im Pfarrhausgarten beim Grasmähen war, hörte ich vom Gemeindehaus Glas scheppern und Gejohle. Ich bin gleich hingegangen und fand im Tischtennisraum sechs Burschen und zwei Mädchen, die ich alle gleich aus dem Haus verwiesen habe. Denn sie haben da gehaust wie die Wilden, mit dem Fußball ein Fenster eingeschmissen, Zigarettenkippen auf dem Bodenbelag ausgetreten und ein Loch in die Tischtennisplatte gebrannt, Bierflaschen standen herum und einer hat auf den Boden gespieen.
Ich habe dem Vikar schon mehrere Male Klage geführt über das Betragen dieser Kerle, die er immer hereinläßt, weil auch Nachbarn sagen, wie sehr unser Gemeindehaus heruntergekommen ist. Jetzt kann ich es nicht länger mit ansehen. Entweder die Kerle verschwinden bei uns, oder die Tätigkeit hat für mich ein Ende.

Hochachtungsvoll Georg Schäfer

Dieser Brief soll in der bevorstehenden Kirchenvorstandssitzung verhandelt werden. Die Beschwerde bezieht sich indirekt auf den Vikar, der diesen Jugendlichen den Aufenthalt im Tischtennisraum erlaubt hat, obwohl sie sonst nichts mit der Gemeindejugend zu tun haben. Der Brief trägt ultimativen Charakter: Sollte jenen Jugendlichen nicht künftig das Betreten des Gemeindehauses verboten werden, will der Mesner zumindest die weitere Betreuung des Gemeindehauses kündigen.

Es spielen mit:
- der 1. Pfarrer
- der 2. Pfarrer
- der Vikar
- der Mesner
- die Kirchenvorsteher
- die Gruppe der Jugendlichen

Jeder Spieler erhält einen Abdruck des Beschwerdebriefes. Die Gruppe der Kirchenvorsteher erhält den Auftrag, vor Spielbeginn unter sich einzelne Rollen zu verteilen — entsprechend der gesellschaftlichen Struktur der Gemeinde und den Haltungen, die dort im Blick auf die Prägung der Jugendarbeit vertreten werden.
So erhalten z.B. der Mesner und der Vikar folgende Rollenbeschreibungen:

Sie sind der **Mesner und Hausmeister** in dieser Gemeinde. Zu Ihren Aufgaben gehört in besonderem Maße die Hausmeisterstelle im Gemeindehaus.
Zwei Tatbestände sind vorgegeben: zum einen, daß mit Erlaubnis des Vikars eine Gruppe Jugendlicher im Gemeindehaus ab und zu am frühen Abend Tischtennis spielt und Ihnen bereits mehrfach durch ihr Verhalten Anlaß zu Klagen gegeben hat; zum andern, daß Sie neulich den beigefügten Brief an das Pfarramt geschrieben und damit sozusagen ein Ultimatum gestellt haben: entweder verschwinden diese jungen Leute, oder ich schmeiße den Laden hin!
Dieser Brief wird in der anschließenden Kirchenvorstandssitzung behandelt, und man wird Sie auch noch einmal dazu anhören.
Es ist Ihnen nun überlassen, wie Sie die Gestalt dieses Mesners sehen und darstellen wollen. Besonders kommt es darauf an, wie Sie zu den Jugendlichen stehen und zum Vikar, überhaupt auch zur Jugendarbeit in der Gemeinde, wobei eine Rolle spielen kann, was Sie selber einmal in früheren Zeiten beeindruckt hat.

Sie sind **Vikar** in dieser Gemeinde. Sie haben einen außerhalb liegenden Gemeindebezirk zu betreuen und haben dort auch ihren Wohnsitz. Darüberhinaus haben Sie in zwei Schulen Religionsunterricht zu geben, im Wechsel mit den zwei Pfarrern der Gemeinde zu predigen, Beerdigungen zu halten usw. Zu alledem ist Ihnen die Jugendarbeit in der Gesamtgemeinde als Arbeitsauftrag zugewiesen worden.
Zwei Tatbestände sind vorgegeben: zum einen, daß es eine Gruppe Jugendlicher gibt, die mit Ihrer Erlaubnis im Gemeindehaus Tischtennis spielen darf und die bereits mehrfach zu Klagen des Hausmeisters Anlaß gegeben hat, zum zweiten, daß der Hausmeister den beigefügten Brief an das Pfarramt geschrieben und damit ein Ultimatum gestellt hat.
Der Brief soll gleich anschließend in der Kirchenvorstandssitzung behandelt werden. Sie haben zunächst noch Gelegenheit, etwa zehn Minuten lang mit den Jugendlichen über den genannten Vorfall zu reden und festzustellen, wie sie sich dem Ultimatum gegenüber verhalten.
Ihnen selbst bleibt überlassen, in welcher Rolle Sie sich sehen, welche Einstellung zu Jugendlichen und zur Jugendarbeit in der Gemeinde Sie vertreten, in welchem Verhältnis Sie zu den beiden Pfarrern stehen (bitte sich kurz mit diesen verständigen!) und wie Sie die Mitglieder des Kirchenvorstands einschätzen.
Bemühen Sie sich bitte sowohl im Gespräch mit den Jugendlichen wie

auch dann in der Kirchenvorstandssitzung nach Kräften um eine baldige klare Entscheidung, wie sie Ihnen sinnvoll erscheint.

Nach etwa 20 Minuten Vorbereitung für Spieler und Beobachter beginnt die erste Spielrunde: Der Vikar hat Gelegenheit, eine Viertelstunde lang mit den Jugendlichen über den Vorfall zu sprechen, sich über den Hergang zu informieren und die Meinung der Jugendlichen zu hören, wie er ihre Seite in der Verhandlung des Kirchenvorstands vertreten soll.
Die Überleitung zur zweiten Runde erfolgt durch das Erscheinen des 2. Pfarrers, der den Vikar zur Sitzung ruft. Die Kirchenvorsteher haben bereits – in einer anderen Ecke des Raumes – Platz genommen. Der 1. Pfarrer hat den Vorsitz. Ob und wann der Mesner noch einmal eigens gehört wird und ob die Jugendlichen oder wenigstens eine Abordnung zur Sitzung zugelassen werden, liegt im Ermessen des Kirchenvorstandes.

Das Spiel umreißt ein in vielen Gemeinden sattsam bekanntes Spannungsfeld. Thematisch stehen verschiedene Auffassungen von kirchlicher Jugendarbeit im Hintergrund, die durch schöne oder schmerzliche Erfahrungen oder durch theologische Konzeptionen stark emotionsgeladen sind. Persönliche Spannungen zwischen den Beteiligten (die in der Wirklichkeit meist eine lange Geschichte haben) werden bei solchen Anlässen meist nicht ausgesprochen, sondern in scheinbar objektive Argumente zum vorliegenden Tatbestand umgesetzt. So wird die Debatte zu einem verdeckten Machtkampf, der bestenfalls einen Kompromiß erreicht, aber die bestehenden Spannungen nicht löst. Für die Auswertung steht dann genug Material zur Verfügung, um zu untersuchen, welche Art von Kommunikation eine wirkliche Lösung verhindert hat.
Das Spiel könnte aber auch anders verlaufen. Vielleicht gelingt es einem Beteiligten, seine Belastung oder seinen Ärger offen auszusprechen, und vielleicht ermutigt er damit andere, es auch zu tun. So könnten Beziehungen geklärt und verändert werden, und nach diesem „Umweg" gelänge eine überzeugende Regelung des aktuellen Problems. In beiden Fällen könnte sich das Spiel wohltuend auf den künftigen Umgang der Verantwortlichen miteinander auswirken.

Schlafstörungen

Nicht nur Einzelpersonen, sondern auch Gruppierungen kommunizieren miteinander. Oft krankt die Kommunikation zwischen Gruppen daran, daß sie zu schwach ist. Man schmort lieber im Saft des eigenen Kreises und begnügt sich mit Gerüchten, Vorurteilen und gelegentlich aufgeschnappten Informationen über andere Gemeinschaften. Denn es ist mühsam und erfordert eine gewisse Organisation, mit anderen Gruppen in Verbindung zu treten.
Das Spiel SCHLAFSTÖRUNGEN konstelliert einen Konflikt, der fünf Gruppierungen im Bereich einer Gemeinde dazu zwingt, sich miteinander zu befassen:

die Kindergärtnerinnen
den Kirchenvorstand
die Eltern der Kindergartenkinder
den Freundeskreis des Kindergartens
und eine Gruppe von Eltern, die in eigener Regie einen antiautoritären Kinderladen unterhalten.

Die Spielregel des Gruppenentscheidungsspiels (Spielend bei der Sache 29) ermöglicht es, die Kommunikation in der Gruppe und zwischen den Gruppen auseinanderzuhalten: Jede Gruppe sitzt in einem anderen Zimmer und schreibt Briefe an die Gruppen, mit denen sie sich auseinandersetzen will. So kann auch beides getrennt ausgewertet werden: der Prozeß in den Gruppen und die Kommunikation zwischen ihnen.
Den Anstoß für die Auseinandersetzung gibt der Brief einer Mutter an den Kirchenvorstand, in dem sie sich über eine Kindergärtnerin beschwert und ihre Entlassung fordert:

Frau
Helene Müller
Bergstadt
Hügelweg 7

An den
Kirchenvorstand der
Gemeinde Bergstadt

Sehr geehrte Damen und Herren!

Meine beiden Kinder, 4 und 5 Jahre alt, besuchen den Gemeindekindergarten Bergstadt. In den letzten Tagen sind mir meine Kinder durch ein außerordentlich gestörtes Verhalten aufgefallen. Sie haben nachts fast nicht geschlafen, haben oft im Halbschlaf geschrien und vor Angst gezittert.

Nach langem Fragen habe ich erfahren können, was die Ursache dieser Störungen ist:
Eine Kindergärtnerin, Fräulein Gerda, hat den Kindern einige Geschichten des Alten Testamentes erzählt, so die Geschichte von der Opferung Isaaks und Kriegsgeschichten aus dem Richterbuch. Sie hat das in einer Weise getan, die den Kindern Gott als eine rachsüchtige, strafende Person in allen Farben geschildert hat, so daß diese angstauslösende Gottesvorstellung meine Kinder nun Tag und Nacht verfolgt.
Ich bin nicht gewillt, solche Einflüsse unwidersprochen hinzunehmen, die meine ganzen Bemühungen um eine gesunde christliche Erziehung zunichte machen.
Daher möchte ich Sie nachdrücklich auffordern, diesen Vorkommnissen auf den Grund zu gehen und für eine Entlassung der Kindergärtnerin zu sorgen. Ich habe mit dieser Dame zu sprechen versucht, aber das Gespräch ist in sehr unfreundlichen Bahnen verlaufen. Die Dame ist völlig uneinsichtig.

Hochachtungsvoll Helene Müller

Einen Abdruck dieses Briefes erhalten die Eltern und die Kirchenvorsteher. Außerdem bekommen die Gruppen folgende Informationen:

Sie sind ein Kollegium von 6 **Kindergärtnerinnen** eines kirchlichen Kindergartens in der Gemeinde Bergstadt. Der Kindergarten faßt 100 Kinder und wird von der Gemeinde unterhalten.
Ihre Kollegin Fräulein Gerda hat Sie zu einer Besprechung gebeten. Ihr ist zu Ohren gekommen, daß eine Mutter einen Beschwerdebrief an den Kirchenvorstand gerichtet hat. Fräulein Gerda hat den Kindern biblische Geschichten erzählt, so die Geschichte von der Opferung Isaaks und die Berichte von den Heiligen Kriegen aus dem Richterbuch. Ihrer Kollegin, die diese lebendigen Berichte in der besten Absicht den Kindern erzählt hat, ist die Beschwerde unverständlich, da biblische Geschichten doch dem Erziehungsziel eines kirchlichen Kindergartens entsprechen und die Kinder auch mit großer Spannung zugehört haben. Ein Gespräch mit der betreffenden Mutter war unfreundlich und ergebnislos verlaufen.
Bitte bemühen Sie sich um eine Klärung des Problems in Auseinandersetzung mit den beteiligten Gruppen. Es sind dies: die Eltern, der Kirchenvorstand, ein Freundeskreis des Kindergartens, der diesen finanziell mitträgt, und ein Konkurrenzunternehmen: Eltern, die im Gemeindebereich einen antiautoritären Kinderladen unterhalten und dem christlichen Kindergarten ablehnend gegenüberstehen.

Sie sind der **Kirchenvorstand** der Gemeinde Bergstadt. Im Bereich Ihrer Gemeinde befindet sich ein Kindergarten, der von der Gemeinde getragen wird. Er wird von etwa 100 Kindern besucht, die von 6 Kindergärtnerinnen betreut werden. Eine Mutter hat Ihnen den beiliegenden Brief

geschrieben. Als Kirchenvorstand ist Ihnen an einem guten Einvernehmen zwischen Eltern und Kindergarten sowie an dem guten Ruf der Gemeindeeinrichtungen gelegen. Bitte bemühen Sie sich um eine Bereinigung der Probleme!
Folgende Gruppen sind in diesem Konflikt engagiert: die Kindergärtnerinnen, die Eltern, ein Freundeskreis des Kindergartens, der diesen finanziell mitträgt, und ein Konkurrenzunternehmen: Eltern, die im Gemeindebereich einen antiautoritären Kinderladen unterhalten.

Sie sind die **Eltern** von Kindern, die den Kindergarten in Bergstadt besuchen. Der Kindergarten wird von der Kirchengemeinde unterhalten. Etwa 100 Kinder werden von 6 Kindergärtnerinnen betreut.
Heute hat Sie eine Mutter, deren Kinder auch den Kindergarten besuchen, zu sich gebeten, um ein Problem mit Ihnen zu besprechen. Hierzu legt Ihnen die Mutter einen Brief vor, der von ihr an den Kirchenvorstand der Gemeinde geschrieben wurde.
Da Sie selbst Kinder im kirchlichen Kindergarten haben, muß Ihnen an der Klärung des anstehenden Problems gelegen sein. Bitte bemühen Sie sich aktiv im Austausch mit den anderen Gruppen, das zu bereinigen, was Ihnen Grund zur Sorge macht.
Zu den Gruppen der Gemeinde, die an diesem Problem beteiligt sind, gehören: die Kindergärtnerinnen, der Kirchenvorstand, ein Freundeskreis des Kindergartens, der diesen finanziell mitträgt, und ein Konkurrenzunternehmen: Eltern, die im Gemeindebereich einen antiautoritären Kinderladen unterhalten und dem christlichen Kindergarten kritisch gegenüberstehen.

Sie gehören dem **Freundeskreis des Kindergartens** an, einer Gruppe von Gemeindegliedern, die sich besonders für den evangelischen Kindergarten der Gemeinde Bergstadt verantwortlich fühlt. Ihnen ist es zu verdanken, daß das Unternehmen heute besteht: ein Kindergarten mit 100 Kindern, die von 6 Kindergärtnerinnen betreut werden. Sie haben auch finanziell viel für den Kindergarten getan.
Nun ist Ihnen zu Ohren gekommen, daß Eltern sich zusammengetan haben, die im Kindergarten das Erzählen von biblischen Geschichten verbieten wollen. Das kann Ihnen nicht gleichgültig sein. Bitte bemühen Sie sich aktiv darum, in Auseinandersetzung mit den anderen Gruppen Ihren Kindergarten als kirchliche Einrichtung am Leben zu erhalten!
Folgende Gruppen sind an dem Konflikt beteiligt: Die Kindergärtnerinnen, der Kirchenvorstand, die Eltern und ein Konkurrenzunternehmen: Eltern, die im Gemeindebereich einen antiautoritären Kinderladen unterhalten und dem christlichen Kindergarten ablehnend gegenüberstehen.

Sie sind eine Gruppe von Eltern, die gemeinsam einen **antiautoritären Kinderladen** im Bereich der Gemeinde Bergstadt unterhalten. In dieser Gemeinde gibt es einen kirchlichen Kindergarten, der etwa 100 Kinder umfaßt, die von 6 Kindergärtnerinnen betreut werden. Rechtsträger ist die Kirchengemeinde.
Sie stehen diesem Unternehmen christlicher Kindererziehung ablehnend

gegenüber und halten Ihre eigene pädagogische Arbeit für wertvoller. Auch könnte Ihr Kinderladen bei Beteiligung von mehr Eltern und Kindern besser florieren.
Nun haben Sie gehört, daß durch das Erzählen gewisser biblischer Geschichten im kirchlichen Kindergarten einige Kinder enorm verschreckt und verängstigt wurden. Ihre Eltern sollen bereits eine Initiative dagegen ins Leben gerufen haben.
Ihr pädagogisches Engagement könnte eine größere Breitenwirkung erreichen, wenn Sie sich in diese Auseinandersetzung einschalten. Versuchen Sie das, indem Sie mit den beteiligten Gruppen in Verbindung treten! Es sind dies: die Kindergärtnerinnen, der Kirchenvorstand, die Eltern der Kindergartenkinder und ein Freundeskreis des Kindergartens, der diesen finanziell mitträgt.

Für dieses Spiel benötigt man mindestens einen ganzen Tag Zeit, damit sich die Kommunikation zwischen den Gruppen richtig entwickeln kann. Eine der wichtigsten Erfahrungen bei solch einem Gruppenentscheidungsspiel ist nämlich die, daß die gegenseitige Verständigung und Einigung der Gruppen desto näher ist, je dichter das Netz der Kommunikation zwischen den Gruppen wird. Man kann diesen Prozeß durch eine Serie von Soziogrammen der Gruppeninteraktion veranschaulichen (Grundriß der 5 Gruppen, für jeden Brief ein Pfeil vom Absender zum Empfänger; jede Stunde eine neue Skizze) und dabei verfolgen, wie die Verbindungslinien immer dichter werden, meist entsprechend dem Grad der Verständigung über das Problem.
Oft drängen die Gruppen nach einiger Zeit zur Änderung der Spielregel: Sie wollen aufhören, Briefe zu schreiben und sich endlich in einer Diskussion aller Gruppen zusammensetzen. Der Spielleiter wird diesen Wunsch als ersten Erfolg des Spiels werten und darauf eingehen: Das Bedürfnis nach sinnvoller Kommunikation zwischen den Gruppen ist gewachsen, und bei überlegter Strukturierung – übersichtliche Sitzordnung der Gruppen, Sprecher, die das Gruppenanliegen vertreten – wird sich eine ergiebige Diskussion entwickeln.

Thematisch dreht sich das Spiel um die Frage der christlichen Kindererziehung. Wenn das Spiel selbst noch keine Klärung gebracht hat, wird die Auswertung dazu Gelegenheit bieten. Das Spiel hat das Tauziehen um die Erziehung unserer Kinder ins Blickfeld gerückt, das von der Frage nach der christlichen Erziehung nicht zu trennen ist. Indem die Gruppe bei der Auswertung diesen Kampf der verschiedenen Anschauungen und Gruppierungen verarbeitet, bahnt sie sich den Weg zu einer religiösen Erziehung, die das Kind auf seinem Weg in das Spannungsfeld der verschiedenen Weltanschauungen hilfreich begleitet. Denn in dem Maß, wie wir selbst lernen, anders Denkenden offen zu begegnen, statt uns durch Vorurteile vor ihnen abzuschirmen, werden wir auch unsere Kinder darauf vorbereiten können, in der pluralistischen Gesellschaft ihren Weg als Christen zu finden.

III. Mitteilungen

Bei der menschlichen Kommunikation werden mit Mitteilungen über sachliche Inhalte zugleich auch Mitteilungen über die Beziehung zwischen den Beteiligten ausgetauscht. Dies geschieht nicht nur durch Worte, sondern durch das gesamte körperliche Verhalten[1]. Spiele können zur bewußteren Wahrnehmung und Einbeziehung der verschiedenen Mitteilungsebenen beitragen.

4 Körpersprache

Zwei aus der Gruppe setzen sich in der Mitte des Kreises einander gegenüber. A redet, B schweigt und versucht seine Antworten durch Gebärden auszudrücken. A versucht, was er an B sieht, in Worte zu fassen.
A will z.B. seinen Partner von etwas überzeugen oder zu etwas überreden. Er lädt ihn etwa zu einer Party ein und schildert ihm, warum es sich lohnt, mitzukommen. Aus dem schweigenden Ausdruck des Partners versucht er zu erkennen, ob dieser Lust hat oder nicht, was ihm Spaß machen würde, was ihn stört.
Die Gruppe bespricht anschließend ihre Eindrücke von dem, was B ausgedrückt hat und diskutiert, ob A seine „Körpersprache" verstanden hat. B erklärt erst, wenn alle ihre Meinung gesagt haben, was er tatsächlich ausdrücken wollte.

Oder:

Beide reden. Die Gruppe beobachtet, was sie sich neben den Worten durch Gebärden mitteilen. Sie achten auf das Gesicht, die Hände, die Körperhaltung, die Stimmlage der Sprechenden. Was kann man ihnen abspüren? Entsprechen ihre Worte dem, was sie sich durch Körpersprache sagen?
Wo ein Videorecorder zur Verfügung steht, kann man die Übung noch reizvoller gestalten: Das Gespräch wird ohne die Gruppe aufgenommen und dann zunächst ohne Ton vorgespielt. Die Gruppe versucht wahrzunehmen, was das stumme Bild zum Ausdruck bringt: Zustimmung, Ablehnung, Skepsis, Freude, Ärger, Vertrauen?

[1] Die kommunikationstheoretischen Grundlagen für dieses Kapitel finden sich bei Watzlawick 53ff und 61ff.

Dann wird die Szene mit Ton wiedergegeben, und die Gruppe vergleicht ihre Eindrücke mit den gesprochenen Worten.

Oder:

Die Gruppe teilt sich in Dreiergruppen auf. Jede spielt die erste oder zweite Übung für sich durch, wobei jeweils einer beobachtet und seine Eindrücke anschließend mitteilt. Die Erfahrungen der Dreiergruppen werden im Plenum ausgetauscht.

Daß wir nicht nur mit Worten, sondern mit dem Gesicht, mit den Händen, mit dem ganzen Körper sprechen, ist uns selbstverständlich. So selbstverständlich, daß wir uns meist gar nicht klar machen, welche Bedeutung nichtverbale Mitteilungen für unser Zusammenleben haben. Wir achten normalerweise vor allem auf die Worte, die unser Gesprächspartner ausspricht, obwohl die Körpersprache eine mindestens ebenso große Rolle für unsere Beziehung spielt, gleich ob uns das bewußt ist oder nicht. Jeder kann beobachten, wie intensiv eine Mutter mit ihrem Baby kommuniziert, obwohl es noch nicht sprechen kann und auch die wörtliche Bedeutung dessen, was die Mutter sagt, noch nicht versteht. Das Kind „versteht" aber genau, wie die Mutter es mit ihm meint. Es nimmt den Klang der Stimme, den Gesichtsausdruck und die Bewegungen der Mutter wahr und reagiert darauf ebenso deutlich mit seinem ganzen Körper. Diese Sprache, die vor allen Worten die Beziehung zwischen Mutter und Kind aufbaut, bildet die Grundlage, auf der dann später die verbale Sprache wachsen kann. Und sie bleibt das ganze Leben hindurch untrennbar mit den Worten verbunden.
Die Übung KÖRPERSPRACHE will zunächst auf diesen Sachverhalt aufmerksam machen. Anlaß dazu war die Besprechung des Abendmahls in einer Konfirmandengruppe. Die Jugendlichen verstanden nicht, warum man eigentlich „auch noch" zum Abendmahl gehen „muß", es müßte doch genügen, daß uns gesagt wird, daß Christus uns liebt. Diese Verständnisschwierigkeit, die auch viele Erwachsene teilen, hat ihre theologische Wurzel in dem verengten Begriff des „Wortes", das einseitig als verbale Mitteilung gefaßt wurde. Aus dem Wort, das „Fleisch geworden ist", das also körperlich, handgreiflich, spürbar und sichtbar geschieht, das die ganze Breite menschlicher Ausdrucks- und Wahrnehmungsmöglichkeiten umfaßt, wurde eine mündliche oder schriftliche Mitteilung über Glaubensinhalte.
Aber das Beispiel der Konfirmanden zeigt auch eine allgemeine Schlagseite unserer technisierten Gesellschaft: Der Schwerpunkt

unserer Erziehung liegt weitgehend bei der Vermittlung von Sachinhalten und technischen Fähigkeiten. Wie man Beziehungen gestaltet, liegt meist jenseits bewußter Verarbeitung. Sachinhalte werden vorwiegend verbal mitgeteilt, sie werden erklärt, beschrieben, berechnet, logisch abgeleitet. Bei zwischenmenschlichen Beziehungen hingegen genügt die verbale Mitteilung nicht; sie werden vielmehr von vielfältigen nichtverbalen Mitteilungen getragen: Man setzt sich an einem Tisch zusammen, man lacht oder weint, man winkt sich zu, man gibt sich die Hand, man streichelt sich oder schlägt sich, man schaut sich in die Augen oder weicht dem Blick aus – um nur einige herauszugreifen.

Inhaltsebene und Beziehungsebene

Nun schwingt bei jeder sachlichen Mitteilung immer auch eine Mitteilung über die Beziehung zum Angesprochenen mit. Auch ein Mathematiker, der seiner Klasse eine Gleichung vorrechnet (also einen Inhalt mitteilt, der mit seiner Beziehung zu den Schülern nichts zu tun hat), bringt notwendigerweise gleichzeitig seine Beziehung zur Klasse zum Ausdruck: Die Schüler können ihm abspüren, ob sie ihm gleichgültig sind oder ob ihm viel daran liegt, daß sie die Gleichung begreifen, ob er den Unterricht als lästige Pflicht auf sich nimmt oder ob er gern mit der Klasse arbeitet.
Auch bei unserer KÖRPERSPRACHE-Übung kann sich schon beim ersten Satz zeigen, daß zugleich mit einer sachlichen Information oder Frage durch Tonfall, Gesichtsausdruck und Körperhaltung ein Beziehungsangebot gemacht wird.
A sagt zu B: „Wir machen eine Party. Kommst du mit?“ Seine Körpersprache kann unter denselben Worten ganz Verschiedenes ausdrücken: „Ich freue mich darauf und möchte unbedingt, daß du dabei bist!“ Oder: „Ich muß dich ja wohl einladen, weil du mich letztes Mal bei dir auch eingeladen hast.“ Oder: „Du kannst froh sein, daß ich so nett bin und dich einlade!“ B antwortet: „Wann ist denn die Party?“ Auch diese sachliche Informationsfrage kann durch die Körpersprache verschieden interpretiert werden: „Hoffentlich habe ich da Zeit!“ Oder: „Na, sag mir schon die Einzelheiten, ich kann mir's ja überlegen.“ Oder: „Schon wieder so ein langweiliger Abend! Hoffentlich finde ich einen Grund, nicht hinzugehen.“
So wird die Gruppe durch die KÖRPERSPRACHE-Übung auf mehrere Zusammenhänge aufmerksam:

(1) Wir sprechen nicht nur mit Worten, sondern auf vielfältige Weise mit dem ganzen Körper.

(2) Wir teilen uns nicht nur inhaltlich etwas mit, sondern zugleich etwas über unsere Beziehung.

(3) Für Beziehungsmitteilungen brauchen wir in hohem Maß die Körpersprache.

(4) Das Entscheidende, das, was unser Leben glücklich oder unglücklich, sinnvoll oder sinnlos macht, geschieht vorwiegend auf der Beziehungsebene. Hier geht es um Liebe und Haß, Gemeinschaft und Einsamkeit, Anerkennung und Ablehnung. Um diese Existenzfragen geht es auch im Glauben. Sachliche Information wird dadurch nicht nebensächlich, aber das Wesentliche ist die neue Beziehung, biblisch ausgedrückt: der neue Bund zwischen Gott und uns.

Von diesen Erfahrungen aus können Konfirmanden und Erwachsene ein neues Verständnis für die „Körpersprache Christi" finden, wie sie beim Essen und Trinken am Tisch des Herrn vollzogen wird. Sie werden freilich daraufhin auch fragen, ob die Art, wie wir das Abendmahl feiern, diese neue Beziehung deutlich genug verkörpert und werden nach neuen Gestaltungsmöglichkeiten suchen (vgl. dazu EIN FEST, S. 51).
Neben dem Abendmahl finden wir im Neuen Testament auf Schritt und Tritt Beispiele dafür, wie Jesus seine Beziehung zu den Menschen durch Körpersprache ausdrückt. Wenn eine Gruppe darauf aufmerksam geworden ist, welche Bedeutung die Körpersprache hat, wird sie diese „Zeichenhandlungen" sehr viel lebendiger nacherleben können. Jesus legt Kranken die Hand auf (Matth. 8, 3), er liebkost die Kinder, die zu ihm gebracht werden (Mark. 10, 16), er legt dem Blinden einen Brei aus Erde auf die Augen (Joh. 9, 6), er stößt dem Taubstummen mit den Fingern in die Ohren und bringt seinen Speichel auf dessen Zunge (Mark. 7, 33), er peitscht die Händler aus dem Tempel (Joh. 2, 15), und als ihm die Schriftgelehrten eine Ehebrecherin vorführen, malt er Buchstaben in den Sand und demonstriert damit, daß er hinter der scheinbar sachlichen Frage sehr wohl die Falle bemerkt, die die andern ihm stellen wollen, und daß er sich auf diese verlogene Kommunikation nicht einlassen will (Joh. 8, 6-8). Auch bei der Taufe erlebten die ersten Christen, die noch wirklich im Wasser untertauchten, wie ihr bisheriges Leben versank und ein neues Leben, eine neue Beziehung zu Gott aus diesem Sterben hervorging.

Verbale und nichtverbale Sprache, Inhalts- und Beziehungsmitteilungen lassen sich nicht voneinander trennen. Wohl aber können die verschiedenen Ebenen einander widersprechen, und das kann verhängnisvolle Folgen haben. Nehmen wir zur Verdeutlichung ein extremes Beispiel: Ein Religionslehrer erklärt seiner Klasse die Rechtfertigungslehre. Die Klasse ist unaufmerksam und stört die Bemühungen des Lehrers. Dieser fährt in seinen Erklärungen fort und sagt: „Gott nimmt uns bedingungslos an, weil Christus für uns gestorben ist. Wir können uns auf seine Gnade verlassen." Dabei verlangsamt er seine Stimme, so daß sie einen drohenden Klang bekommt, und fixiert mit unheilverkündendem Blick die Schwätzer in der linken Ecke. – Es muß gar nicht zur Explosion kommen. Was bis dahin geschehen ist, wiegt schwer genug: Der Lehrer hat verbal von Gnade und Güte gesprochen. Sein nichtverbales Verhalten drückte aber Ärger, Drohung und Strenge aus. Innerhalb einer Beziehung voll unerträglicher Spannung wurde inhaltlich Gottes Liebe verhandelt. Das Beste, was in dieser Situation noch geschehen könnte, wäre, daß die Klasse – und mit ihr der Lehrer – zu lachen beginnt, weil beide die Diskrepanz zwischen Inhalt und Beziehung spüren. Dann könnte man über die Unzulänglichkeit menschlicher Versuche reden, das Evangelium zu vermitteln, und beide, Lehrer und Schüler, könnten froh sein, daß Gottes Gnade mehr ist als das, was Menschen daraus machen. Normalerweise wird die Klasse aber nicht in der Lage sein, den Inhalt und die nichtverbal ausgedrückte Beziehung auseinanderzuhalten. So wird die Rechtfertigungslehre zum Lernstoff, an dem die zermürbende Spannung hängen bleibt. Denn im Zweifelsfall hat die Art der Beziehung das größere Gewicht. Das Beispiel mag übertrieben sein, es charakterisiert aber ein Dilemma vieler Religionsstunden, das wohl nie ganz überwunden werden wird, solange Schüler und Lehrer gezwungen sind, am Religionsunterricht teilzunehmen. Es wird aber auch deutlich, wie entscheidend wichtig ein gutes Unterrichtsklima ist. Wenn der Lehrer darauf viel Zeit und Kraft verwendet, tut er nichts Peripheres oder Uneigentliches, sondern er leistet zentrale Arbeit im Sinn des Evangeliums, das eine neue Beziehung zwischen Gott und Mensch und zwischen den Menschen proklamiert und nur glaubwürdig bleibt, wenn die Inhaltsebene mit der Beziehungsebene übereinstimmt.

Die Vielfalt menschlicher Kommunikationsformen wäre verkürzt gesehen, wenn man verbalen Mitteilungen *nur* Inhalte und nichtverbalen Mitteilungen *nur* Beziehungsaspekte zuschreiben würde. Wenn mich ein Fußgänger nach dem Weg fragt, zeige ich ihm mit dem Finger die Richtung und gebe ihm damit nichtverbal eine inhaltliche Auskunft. Andererseits kann ich auch mit Worten meine Beziehung zu Mitmenschen ausdrücken. Dies ist sogar sehr wichtig, da die Körpersprache oft mehrdeutig ist und daher mißverstanden werden kann. Es hilft dem andern nicht viel, wenn ich ein grimmiges Gesicht ziehe und ihm nicht dazu sage, was mich geärgert hat. Und ein junger Mann, der ein Mädchen umarmt, tut gut daran, ihm auch zu sagen, wie sehr er sie liebt. Sie kann aus der Umarmung nicht eindeutig entnehmen, ob er eine vorübergehende Liebelei im Sinn hat oder mehr. Auch bei den biblischen Zeichenhandlungen gehört das Wort dazu, das die Körpersprache verdeutlicht. Mit gutem Grund hat Luther bei Taufe und Abendmahl betont, daß das verständliche Wort das Zeichen begleiten muß.
Die Übung KÖRPERSPRACHE leitet uns dazu an, nichtverbale Mitteilungen auch in Worten auszudrücken, sie also in die verbale Sprache zu übersetzen. Es wird uns dabei auffallen, daß manche Körpersignale beim Gesprächspartner und bei den Zuschauern anders angekommen sind, als sie vom „Sender“ gemeint waren. Wir verlernen es, unseren Eindruck von vornherein gleichzusetzen mit dem, was der andere wirklich ausdrücken wollte, und wir lernen, zurückzufragen und uns über unsere Beziehung auch mit Worten zu verständigen. Viele verhängnisvolle Mißverständnisse lassen sich so aus der Welt schaffen. Manche Freundschaft und manche Ehe ginge nicht in die Brüche, wenn die Partner sich deutlicher mitteilen könnten, wie das Verhalten des einen beim andern ankommt und was jener wirklich gemeint hat.
Wenn wir Beziehungsaspekte in Worte fassen, machen wir eine weitere Entdeckung: Wir reden hierbei auf andere Weise, als wenn es um sachliche Fragen geht. Für Sachinhalte verwenden wir vorwiegend logisch-technische Begriffe. Ein Kraftfahrzeugmechaniker kann uns z.B. die Teile eines Motors benennen und ihre Funktion detailliert beschreiben. Wenn er die Sprache nur einigermaßen beherrscht, wird ihm das keine Schwierigkeiten machen. Wenn wir aber Beziehungen verdeutlichen wollen, genügen uns oft direkte Bezeichnungen der Sachlage nicht. Gewiß, wir können auch knapp und präzis formulieren: „Ich liebe dich“ – „du ärgerst mich“ –

„du bist mir gleichgültig". Meistens greifen wir aber darüber hinaus zu bildhaften Ausdrücken: „Ich hab dich zum Fressen gern" – „ich könnte dich in der Luft zerreißen" – „rutsch mir den Buckel runter". Wir nehmen also körperlich-handgreifliche Bilder zu Hilfe, um Beziehungsaspekte verbal darzustellen, d.h. wir zeichnen mit unseren Worten Ausdrucksformen der Körpersprache nach. Wir spüren also auch bei der Sprache, daß uns bloße Bezeichnungen zu mager sind, um eine lebendige Beziehung zu verdeutlichen. Man vergleiche die folgenden zwei Sätze, die inhaltlich dieselbe Mitteilung enthalten. Einer sagt am Ende einer Diskussion: „Deine Argumente haben meine anfängliche Meinung widerlegt." Oder: „Du hast mich kräftig angeschossen und all meine Argumente über den Haufen geworfen." Diese zweite Antwort spiegelt wesentlich deutlicher die Härte der Auseinandersetzung wider und läßt spüren, wie schwer es ihm fällt, sich „geschlagen zu geben".

Die bildhafte Sprache des Glaubens

So können also die Erfahrungen der Körpersprache in die Ausdrucksweisen der verbalen Sprache verlängert werden und zu der Erkenntnis führen, daß solch bildhaftes Sprechen der Mitteilung von Beziehungsaspekten meist besser gerecht wird als logisch-technische Begriffe. Dies spielt gerade im Glaubensbereich eine große Rolle. Ein fleischloses Gerippe theologischer Begrifflichkeit mag für die systematische Reflexion von Bedeutung sein, wird aber der lebendigen Beziehung zwischen Gott und seiner Gemeinde nicht gerecht. Menschen, die gewohnt sind, in technisch-logischen Kategorien zu sprechen, erwarten auch vom Theologen, daß er ihnen Glaubensinhalte wie gegenständliche Tatbestände beschreibt. Sie sind enttäuscht, wenn dieser Versuch unbefriedigend ausfällt. Ebenso erwarten sie vom Psychologen begriffliche Erklärungen seelischer und zwischenmenschlicher Vorgänge. Es kann ihnen helfen, wenn sie auf die bildhafte Sprache aufmerksam werden, die sie selbst, ohne daß es ihnen bisher klar wurde, zur Darstellung von Beziehungen verwenden. So können sie begreifen, daß die bildhafte Sprache der Bibel kein Notbehelf für begriffsstutzige Leute im biblischen Zeitalter ist, sondern der sachgemäße Ausdruck für Beziehungen, um die es in der Botschaft des Alten und Neuen Testamentes geht. Wenn Jesus das Reich Gottes verkündigt, definiert er nicht, sondern er erzählt Gleichnisse und redet in Bildern. Und der Dichter des 18. Psalms betet: „Herzlich lieb habe ich dich, Herr, meine Stärke!

Herr, mein Fels, meine Burg, mein Erretter; mein Gott, mein Hort, auf den ich traue, mein Schild und Berg meines Heiles und mein Schutz!" Auch dort, wo scheinbar sachliche Mitteilungen im Vordergrund stehen, finden wir oft die eigentliche Botschaft in den dadurch ausgedrückten Beziehungen. Z.B. im Schöpfungsbericht 1. Mose 1: Die inhaltlichen Anleihen bei den babylonischen Weltentstehungstheorien sind für den Glauben belanglos. Sie bilden aber das Material, mit dem die Verfasser eine Beziehung zwischen Gott, den Menschen und der geschaffenen Welt darstellen, die der religiösen Vorstellung der Babylonier „ins Gesicht schlägt". Die Gestirne lenken nicht mehr die Geschicke der Menschen, sondern Gott hat sie als Lampen am Himmel aufgehängt, damit sie den Menschen dazu dienen, die Zeit einzuteilen. Natürlich muß man die Bilder- und Körpersprache der Bibel übersetzen, weil wir vieles nicht mehr unmittelbar verstehen. Eine sachgemäße Übersetzung scheint mir jedoch nicht in der Eliminierung von Bildern und körperlich-handgreiflichen Darstellungen zu bestehen, sondern in der Übertragung in eine uns geläufige Bilder- und Körpersprache. Gewiß, man hat ein Gleichnis verstanden, wenn man das tertium comparationis formuliert hat. Man hat es aber noch besser verstanden, wenn man dasselbe Gleichnis mit den Anschauungsmitteln unserer Zeit nacherzählen kann.

Nichtverbale Übungen

Für die Wahrnehmung der Körpersprache und die durch sie ausgedrückte Beziehung gibt es vielfältige Übungen. Bei Sensitivitäts-Trainings und Selbsterfahrungsgruppen werden sie gelegentlich eingeschaltet, um die verbale Kommunikation zu ergänzen und anzuregen. All diesen Übungen ist gemeinsam, daß die Teilnehmer sich durch das Ausschalten verbaler Mitteilungen auf andere Wahrnehmungen konzentrieren, und daß sie hinterher ihre Erfahrungen im Gespräch austauschen. Einige Möglichkeiten sollen hier angedeutet werden:

Alle laufen mit geschlossenen Augen durch den Raum und erspüren so, wie sie sich anderen nähern oder von ihnen entfernen. – Jeweils einer schließt die Augen und läßt sich von einem sehenden Partner durch den Raum führen. – Man sucht mit geschlossenen Augen die Hände eines anderen und lernt sie durch Befühlen kennen. – Je zwei suchen sich mit den Augen, gehen aufeinander zu und entfernen sich wieder. – Je zwei sitzen sich gegenüber und ver-

 suchen sich mit den Augen und dem Gesichtsausdruck etwas mitzuteilen. – Einer steht in der Mitte und läßt sich zur Seite fallen; die Gruppe steht eng um ihn und fängt ihn mit den Händen auf.
(Weitere nichtverbale Übungen und Spiele bei Gunther, Velzeboer und Bach/Bernhard 58ff)

Es sollen nun noch drei Ereignisse dargestellt werden, bei denen die Körpersprache zur Geltung kommt. Die Übung SPEISUNG greift noch einmal das Abendmahlsgeschehen auf und dient zur Erfahrung des Beziehungsaspektes beim Essen und Trinken. EIN FEST ist die Schilderung eines Gottesdienstes, bei dem das Evangelium mit verschiedenen nichtverbalen Mitteln dargestellt wurde. Und das BILDHAUERSPIEL verwendet die Körpersprache zur Veranschaulichung einer Gruppensituation.

5 Speisung

Von der KÖRPERSPRACHE-Übung aus kamen wir nur auf Umwegen zur Zeichensprache des Abendmahls. Dafür öffnete sie uns den Blick für die ganze Breite nichtverbaler Mitteilungen. Die Übung SPEISUNG zielt direkt auf die Beziehung, die beim Essen und Trinken mitschwingen kann. Sie wurde mehrfach mit Konfirmanden vor der Besprechung des Abendmahls durchgeführt.
Der Pfarrer fordert die Konfirmanden auf, zwei gleich große Gruppen zu bilden. Er gibt lediglich die beiden Ecken an, in denen sich die Gruppen zusammenfinden sollen. So entstehen zwei Sympathiegruppen, d.h. die Befreundeten finden zusammen. Nun setzen sich alle wieder im Kreis, so daß jede Gruppe einen Halbkreis biidet und der anderen gegenübersitzt.
Der Pfarrer hat zwei Schalen Gebäck und zwei Krüge Apfelsaft oder Cola vorbereitet. Er bittet aus jeder Gruppe zwei Konfirmanden, aufzustehen, und gibt dem einen die Schale, dem andern den Krug. Nun erklärt er die Spielregel: Wer den Krug oder die Schale in Händen hat, gibt einem aus der *anderen* Gruppe etwas zu essen bzw. zu trinken. Die Art, wie er das macht, ist ihm überlassen. Wer zu essen oder zu trinken bekommen hat, nimmt seinerseits die Schale oder den Krug und gibt wieder einem andern aus der gegenübersitzenden Gruppe, bis alle etwas bekommen haben.
Nun überlegen alle schweigend, was sie erlebt haben und was für Gedanken und Empfindungen ihnen bei dieser „Speisung" gekommen sind. Sie schreiben ihre Einfälle auf und liefern sie anonym ab.

Das Ergebnis wird vorgelesen und besprochen: Wie ist das, wenn einer auf mich zukommt und mir zu essen gibt? Oder wenn ich lange darauf warten muß oder übergangen werde? War ich erstaunt, daß gerade der mir etwas gegeben hat? Was empfinde ich, wenn ich einem etwas anbiete, und er lehnt ab? Was habe ich dem, der mir zu essen gegeben hat, abgespürt? Ist mir an der Art etwas aufgefallen, wie er mich bedient hat? Hat sich durch die „Speisung" die Gruppenatmosphäre verändert?

Es kann bei dieser Übung spürbar werden, daß dieses wechselseitige Geben und Nehmen weit über eine Versorgung mit Kalorien hinausgeht. Dann muß man den Konfirmanden nicht mehr umständlich erklären, warum Jesus Essen und Trinken als Vollzug seiner Gemeinschaft mit uns gewählt hat.
Daneben können auch Schwierigkeiten herauskommen, die gerade beim ersten Gang zum Abendmahl störend wirken und anhand der Übung schon vorher besprochen werden können, z.B. die Angst, etwas zu verschütten, oder die Frage, ob es schmeckt oder nicht (darf man sich's am Tisch des Herrn schmecken lassen? Und was ist, wenn die Hostie nach nichts schmeckt?), oder Hemmungen, Speise und Trank in einer bestimmten Form entgegenzunehmen.
Selbstverständlich macht diese Übung ein eingehendes Gespräch über die Bedeutung des Abendmahls nicht überflüssig. Aber diese Fragen können dann auf einem Erlebnishintergrund bearbeitet werden, der es verhindert, daß letztlich nur eine mehr oder weniger gut gelernte Abendmahlslehre auf der Inhaltsebene übrigbleibt.

Ein Fest

6

Eine Studentengruppe wollte am Ende einer längeren Tagung einen Gottesdienst feiern. Bei einem vorbereitenden Gespräch zeigte sich, daß einige Studenten große Schwierigkeiten hatten, das Abendmahl mitzufeiern, andererseits aber für das, was das Abendmahl ausdrücken sollte, sehr aufgeschlossen waren. Die Gruppe überlegte, ob sie die Botschaft des Mahles Christi nicht auch mit anderen Mitteln zeichenhaft ausdrücken könnte. Der theologische Ausgangspunkt war die Mahlfeier der Urgemeinde als eschatologisches Freudenmahl. Man feierte dort schon den endgültigen Sieg Jesu Christi über alles, was unsere Welt zerstört, weil man daran glaubte, daß durch Tod und Auferstehung des Herrn dem gegenwärtigen Zustand ein Ende gesetzt ist und die neue Welt bereits begonnen hat. So beging man das

Mahl als Vorfeier der Vollendung, auf die man wartete, allen Bedrängnissen zum Trotz, denen die Gemeinde ausgesetzt war.
Bei dem geplanten Gottesdienst mußte also beides zum Ausdruck kommen: einmal das Unheil und Unrecht, das unsere Gegenwart noch beherrscht, und zweitens die Hoffnung auf eine neue Welt, die Christus schaffen wird und schon zu schaffen begonnen hat. Es mußte aber auch begründet werden, was uns berechtigt, jetzt schon ein Freudenfest zu feiern. Darum wählte die Gruppe als Angelpunkt des Gottesdienstes die Zachäusgeschichte (Luk.19, 1-10), in der dargestellt wird, wie „heute" im Lebensbereich eines Menschen das „Heil" anbricht (Vers9).
Aus diesen Vorüberlegungen gestaltete die Gruppe die drei Teile des Gottesdienstes:

1. Teil: *Wir sind uns dessen bewußt, daß vieles in unserer Welt dem Willen Gottes widerspricht.*
Um dies zu dokumentieren, teilte sich die Gruppe in kleine Untergruppen, die sich 10 Minuten zusammensetzten, um je eine Kurzszene vorzubereiten. Anschließend spielte jede Untergruppe ihre Szene vor, teils pantomimisch, teils mit Worten. Sie spielten z.B. folgendes: Zwei stehen beieinander, ein dritter kommt dazu. Die zwei tun ihm recht schön, reden aber später mit vorgehaltener Hand über ihn. Er spürt ihre Verlogenheit und geht traurig weg. — Ein Betrunkener liegt an der Straße. Leute gehen an ihm vorbei und machen abfällige Bemerkungen. — Drei spielen Karten. Einer kommt dazu, will mitspielen, aber die drei lassen ihn links liegen.

2. Teil: *Christus hat Außenseiter angenommen und damit den Anfang gemacht für eine neue Welt.*
Einer trug die Zachäusgeschichte in einer modernen Übersetzung vor. Ein anderer sagte dazu ein paar Worte: Wenn Jesus sich mit einem Ausbeuter und Betrüger an einen Tisch setzt und dadurch sein Leben erneuert, dokumentiert er den Beginn einer neuen Welt, die von seiner Liebe geprägt sein wird. Wenn wir uns über diese Hoffnung freuen und sie in diesem Gottesdienst gestalten, tun wir nicht so, als wäre das Elend der Menschen für uns schon erledigt. Aber im Vertrauen auf Christus können wir jetzt schon sein Fest feiern.

3. Teil: *Wir zeigen einander, daß wir uns annehmen wollen und freuen uns daran. Wir nehmen dies als ein Zeichen unserer Hoffnung auf die schöpferische Kraft Christi.*
Jeder erhielt einen Stoß leere Karten und Stifte. Einer legte eine Platte mit festlicher Musik auf. Auf die Karten konnte jeder für jeden Teilnehmer etwas zeichnen, malen, schreiben oder dichten,

was ausdrückte, daß er ihn mit seiner Besonderheit und Eigenart annehmen wolle. Dazu waren etwa 45 Minuten Zeit. Dann wurden die Karten an die Adressaten ausgeteilt und betrachtet. Man sprach in der Gruppe noch kurz darüber, und manche Karten wurden zum Anstoß für ausgiebige Gespräche zwischen Absender und Empfänger, nachdem der eigentliche Gottesdienst längst zuende war. Die Stimmung nach diesem Kartenaustausch läßt sich schwer beschreiben. Vielleicht wurde sie am besten dadurch verdeutlicht, daß einer spontan zu einem Gruppentanz aufforderte, den die Gruppe einige Tage vorher geübt hatte. Alle waren sofort dabei, und so wurde dieses Fest Christi abgeschlossen. Ich schreibe dies ohne Anführungszeichen, weil ich glaube, daß diese Gottesdienstgemeinde Evangelium nicht nur gesagt, sondern auch erlebt hat.

Das Bildhauerspiel 7

Da körperliche Ausdrucksformen Beziehungen oft besser verdeutlichen können als die Sprache allein, kann man sie auch gezielt zur Darstellung von Gruppenprozessen einsetzen. Das BILDHAUERSPIEL wurde von Bach und Bernhard zunächst für die Darstellung von Paarbeziehungen entwickelt, dann aber auch für Gruppen oder Teilgruppen erweitert (Bach/Bernhard 81 Nr. 64: Gestalten und Form-Geben).

Ein Gruppenteilnehmer ist der Bildhauer, die übrigen sind „Lehm", d.h. sie lassen sich wie leicht formbares Material vom Bildhauer in die Stellung bringen, die er sich vorstellt. Der Bildhauer formt nun aus allen oder einigen „Lehmklumpen" eine Skulptur. Er gibt dabei an, was er darstellen möchte: den gegenwärtigen Zustand der Gruppe, künftige Entwicklungsmöglichkeiten, oder die ideale Gruppe. Wenn er mit Modellieren fertig ist, fügt er auch sich selbst in das Kunstwerk ein, an den Platz, der seinen Vorstellungen entspricht.

Nun kann die Gruppe zunächst Vermutungen äußern, was der Bildhauer durch die Skulptur ausdrücken wollte. Dann erklärt dieser selbst die Darstellung. Die Teilnehmer haben jetzt einen plastischen Eindruck davon, wie einer von ihnen die Gruppe sieht. Sie besprechen das Ergebnis, und sicher werden einige sagen: Ich hätte die Skulptur ganz anders geformt! So kann das Spiel mit verschiedenen Bildhauern wiederholt werden. Die Gruppensituation wird dadurch von verschiedenen Blickpunkten immer deutlicher beleuchtet, umfassender, als es allein mit Worten geschehen könnte.

Zwei Beispiele können den Ertrag dieses Spiels illustrieren: In einer Gruppe von Jugendleitern, die ein Pfarrer leitete, gruppierte der „Bildhauer“ die verschiedenen Cliquen mit erstaunlicher Treffsicherheit. Schließlich stellte er einen jungen Mann gebeugt vor dem Pfarrer auf und formte dessen rechten Arm so, daß er jenem mit der Faust auf den Kopf zu schlagen schien. Dem Pfarrer war beides vorher nicht aufgefallen: weder die Spannungen zwischen den Cliquen noch sein Verhältnis zu dem jungen Mann, dem er häufig „eins aufs Dach gab“, ohne es zu merken. Im anschließenden Gespräch konnten diese Schwierigkeiten verarbeitet werden.
In einer anderen Gruppe, die über eine Woche miteinander gearbeitet hatte, formte der Bildhauer ein ganz anderes Bild: Er stellte die Teilnehmer in einer Reihe hintereinander auf, den ersten in sich zusammengesackt, den zweiten auch noch stark gebückt, die folgenden immer mehr aufgerichtet bis zum letzten, der erhobenen Hauptes dastand. Er erklärte, die Reihe sei zeitlich zu verstehen, und jede Figur stelle seinen eigenen Zustand im Lauf der Tagung dar. Er sei niedergedrückt angereist und durch die gemeinsame Arbeit aufgerichtet worden. – So sehr dieses Bild ein Kompliment für die gelungene Tagung abgibt, so zeigt es doch isoliert das Erlebnis eines Einzelnen, und man könnte fragen, wo denn die Gruppe bleibt. Sie hat bei diesem „Aufrichtungsprozeß“ gewiß eine Rolle gespielt, aber ihre Bedeutung rückte nicht ins Bewußtsein, so daß der Teilnehmer nur seine eigene innere Entwicklung darstellen konnte.

Für die Wahrnehmung von verbaler Sprache und Körpersprache, Inhaltsebene und Beziehungsebene eignen sich auch aus „Spielend bei der Sache“ EIN FREMDER (34 Nr. 42) und die gestaltenden Spiele (39ff). Im übrigen kommen die verschiedenen Mitteilungsebenen in jedem Rollenspiel zur Geltung. Deshalb spielt man ja gerade und begnügt sich nicht damit, eine Geschichte zu hören oder ein Thema zu besprechen, weil beim Spiel die Kommunikation vollständiger und darum lebendiger ist.

IV. Regeln

Kommunikation verläuft nach „Regeln", die den Beteiligten zum größten Teil nicht bewußt sind. Diese Regeln sind für zwischenmenschliche Beziehungen unentbehrlich, können aber auch das Zusammenleben einengen und zerstören[1]*. Spiele können dazu beitragen, die Variationsbreite der Beziehungsregeln zu erweitern, verhängnisvolle Regelkreise aufzuspüren und sinnvollere Regeln des Zusammenlebens zu entwickeln.*

Überall, wo Menschen oder Gruppierungen miteinander in Verbindung treten, entwickeln sie „Regeln", nach denen sie miteinander umgehen. Der Begriff „Regeln" muß allerdings mit einer wichtigen Einschränkung gebraucht werden: Bei einem Spiel werden die Regeln am Anfang vereinbart; jeder kennt sie und kann sie formulieren. Die „Regeln", die menschliche Kommunikation aufweist, gehen nur zum geringsten Teil auf bewußte Vereinbarung zurück, wie z.B. die Verkehrsregeln, die Staatsverfassung oder geschäftliche Verträge. Die meisten Regeln, nach denen zwischenmenschliche Beziehungen ablaufen, sind den Betroffenen weder bewußt, noch wurden sie von ihnen in Form einer Absprache vereinbart. Sie wirken aber trotzdem – oder gerade deshalb – nicht weniger bindend.
„Diese Richtlinien sind äußerlich nicht erkennbar, so lange sich die freundschaftlichen bzw. feindschaftlichen Beziehungen streng im Rahmen der gültigen Regeln abspielen, sie werden jedoch dann offenbar, wenn jemand diese Regeln mißachtet; es erhebt sich sofort symbolisch oder wörtlich der Ruf: „Foul!" (Berne 21).
Jeder kann beobachten, wie Kinder sprechen lernen, ohne ein einziges Mal die Regeln der Grammatik und der Syntax gehört zu haben. Ein vierjähriges Kind, das ohne Mühe fehlerlos sprechen kann, wäre nicht in der Lage, die Sprachregeln zu formulieren, obwohl es sie offenbar lückenlos befolgt. Es könnte auch sofort einen sprachlichen Fehler berichtigen, ohne angeben zu können, gegen welche grammatikalische Regel der andere verstoßen hat. Die Sprachregeln sind ihm in Fleisch und Blut übergegangen, ohne daß sie ihm jemand erklärt hätte. Erst in der Schule wird das Kind die Grammatik begrifflich ausdrücken lernen, die es längst beim Sprechen folgerichtig

[1] Vgl. zu diesem Kapitel Watzlawick 34ff und 127ff.

angewendet hat, und es wird anhand dieser Regeln Fremdsprachen lernen.

Auf dieselbe Weise wächst das Kind mit bestimmten Regeln des Umgangs mit den Menschen seiner Umwelt auf und befolgt sie, ohne sie eigentlich zu kennen. Nur daß die „Grammatik" der Kommunikation normalerweise ein Leben lang außerhalb des Bewußtseins bleibt.

Regeln im Zusammenleben von Menschen sind lebensnotwendig. Kein Erwachsener und erst recht kein Kind könnte es aushalten, täglich und stündlich mit völlig unberechenbaren, willkürlichen Reaktionen konfrontiert zu werden. Vertrauen, Sicherheit und der Aufbau eines eigenen Lebensstils sind nur möglich, wenn ich mich darauf verlassen kann, daß meine Mitmenschen auf meine Verhaltensweisen wenigstens einigermaßen gleichbleibend reagieren und wenn ich damit rechnen kann, daß ich mit bestimmten Verhaltensweisen so oder so bei ihnen ankomme. Ein Kind kann sich nur dann im Leben zurechtfinden, wenn es immer wieder ähnlich erlebt, daß die Mutter sich freut, wenn es sich so oder so verhält, daß sie sich ärgert und es bestraft, wenn es bestimmte andere Dinge tut, wenn es Wege kennt, die es gehen muß, damit die Mutter wieder gut ist, wenn ihm das Ritual beim Zubettgehen geläufig ist usw. Dabei scheint die Verläßlichkeit bestimmter Verhaltensabläufe entscheidender zu sein als die Qualität dessen, was man zu erwarten hat. Eine aus völlig undurchsichtigen Gründen ausbleibende Ohrfeige kann ein Kind genau so verunsichern wie ein ausbleibendes Lob. Selbst Jugendliche, die sich ständig über die sturen Verbote ihrer Eltern aufregen, können in Panik geraten, wenn die Eltern plötzlich damit einverstanden sind, daß der Sohn oder die Tochter ihr Leben so gestalten, wie sie es für richtig halten.

Regelkonflikte

Die lebenswichtige Bedeutung der Regeln und ihre Eigenart, sich meist dem reflektierenden Bewußtsein zu entziehen, mögen die Ursache dafür sein, daß sie sich oft so zäh halten, auch wenn sie der veränderten Situation längst nicht mehr entsprechen. Junge Eheleute stehen fast immer vor diesem Problem. Jeder Partner bringt aus seiner Familie ein geprägtes Regelsystem mit, das sich nie hundertprozentig mit dem des anderen deckt. In der ersten Zeit helfen sich die Verliebten damit, diese Unterschiede einfach zu ignorieren und sich ein Bild vom Partner zu machen, das ihren eigenen Wünschen und Vorstellungen entspricht. Mit der Zeit macht sich dann aber doch die Verschiedenheit der Beziehungsregeln störend bemerkbar. *Er* kommt z.B. aus einer Familie, in der man sich wegen jeder Kleinigkeit entschuldigte. Dagegen mußte in *ihrer* Familie schon etwas ganz Schlimmes geschehen sein, wenn eine Entschuldigung fällig war. Nun passiert ihr in der Ehe ein kleiner Lapsus: Sie hat bei einem Wochenendausflug vergessen, die Haustür zuzusperren. Er sagt: „Du könntest dich wenigstens entschuldigen!" Sie erwidert gereizt: „So ein Unsinn! Ich sehe nicht ein, warum ich wegen so einer Lappalie um Verzeihung bitten soll!"

Er findet sie lieblos und stur. Denn sie hat gegen die Regel verstoßen, die für ihn zu einem intakten Familienleben gehörte. Sie findet, daß er aus einer Mücke einen Elefanten macht, denn was sie versäumt hat, war ja wirklich kein Verbrechen, für das man sich – nach ihrer Regel – entschuldigen müßte. Aus solchen Erlebnissen entwickelt sich u.U. ein verdeckter oder offener Kampf darum, wer Recht hat, und dieser Kampf wird auch wieder nach bestimmten Regeln geführt, ohne daß den beiden die Regelmäßigkeit ihrer Auseinandersetzungen bewußt wird. Daß nach Regeln gespielt wird, kommt recht deutlich zum Vorschein in Ausdrücken wie: „Das ist ja wieder mal typisch!" oder: „Es ist doch immer dasselbe!" oder: „Da haben wir es wieder!" – wobei jeweils der andere gemeint ist und nicht ins Blickfeld kommt, daß sich diese fatale Regelmäßigkeit *zwischen* ihnen abspielt. Solange die beiden nicht *über* die Art ihrer Auseinandersetzung und *über* ihre verschiedenartigen Ausgangspunkte reden und ihre eigenen Regeln unter die Lupe nehmen können, bleibt ihnen nur die Möglichkeit, dem anderen „Böswilligkeit oder Verrücktheit" zuzuschreiben (Watzlawick 90).

Ähnliche Schwierigkeiten, eingeschliffene Regeln wahrzunehmen und, wenn nötig, zu ändern, finden wir in allen zwischenmenschlichen und gesellschaftlichen Bereichen: Bei den Spannungen zwischen den Generationen, bei der Diskrepanz zwischen der lebendigen Wirklichkeit und gesetzlichen oder bürokratischen Maßnahmen, bei der Auseinandersetzung zwischen politischen, pädagogischen oder kirchlich-theologischen Konzepten, bei den Beziehungen zwischen Industriestaaten und Entwicklungsländern, zwischen Gastarbeitern und Einheimischen, zwischen Gesunden und Behinderten, und schließlich in allen Gruppen, Familien und Arbeitsteams. Es lohnt sich also, die Regeln unseres Zusammenlebens zum Thema zu machen. Das Spiel bietet sich als Arbeitsmethode an, da es ja selbst auf Regeln aufgebaut ist, allerdings auf vereinbarte und besprochene Regeln. Das erleichtert es der spielenden Gruppe, ihre

 Aufmerksamkeit den Regeln zuzuwenden, nicht nur im Spiel, sondern von da aus auch in den Beziehungsfeldern des Lebens. So können die Teilnehmer neue Spielregeln ausprobieren und dadurch lernen, mit ihren eigenen Regelsystemen flexibler umzugehen und eine größere Variationsbreite zu entwickeln. Dies kann für die Bewältigung des Lebens von entscheidender Bedeutung sein. „Auf der Basis klinischer Beobachtungen und gewisser experimenteller Nachweise scheint die Annahme gerechtfertigt, daß pathogene Familien im allgemeinen viel starrere Kommunikationsstrukturen aufweisen als sogenannte normale" (Watzlawick 169). Diese Erfahrung läßt sich sicher auch auf Gesellschaftssysteme, Betriebe, Schulen und Kirchengemeinden übertragen.

Biblische Regelkritik

Wenn wir unser Augenmerk auf die Regeln unserer Kommunikation richten, haben wir es mit einem biblisch-theologischen Thema zu tun. Die Propheten des Alten Testaments stellten sich gegen eingefahrene, verhängnisvolle Spielregeln Israels und wurden darum verfolgt. Paulus führte einen erbitterten Kampf gegen das „Gesetz" und gegen die Leute, die die alten Regeln wieder zur Bedingung der Gemeinschaft mit Gott machen wollten, und vor allem Jesus selbst stellte durch sein Reden und durch sein Verhalten das Regelsystem der gesetzestreuen Zeitgenossen auf den Kopf: Er setzte in der Bergpredigt sein eigenes Gebot gegen Mose (Matth. 5), er mißachtete das Sabbatgebot (Mark. 2, 23ff u.a.), er setzte sich mit Sündern zusammen (Mark. 2, 15 u.a.), und er entkräftete auf höchst profane Weise die Reinigungsgebote der Pharisäer (Mark. 7, 14ff). Er wurde deshalb für verrückt (Mark. 3, 21) und für bösartig (Mark. 14, 64) erklärt und zum Tod verurteilt. Die Hüter des Gesetzes hielten es nicht aus, daß da einer so souverän ihre Regeln mißachtete und andere Regeln verkündigte und praktizierte, die frei machten, weil sie Gottes Liebe entsprachen. Was Jesus mit dem angebrochenen Gottesreich und Paulus mit der Freiheit des Evangeliums meinen, ist ja nicht Willkür und Regellosigkeit, sondern eine neue Gemeinschaft mit Gott und miteinander, die nicht mehr durch einengende Gesetze erzwungen wird, sondern deren Regeln aus der Erfahrung der Liebe Gottes erwachsen und daher Hilfen zur Praxis der Liebe darstellen, wie die Paränese der Apostel zeigt. Jesus selbst vergleicht sein Werben um Israel mit einer Aufforderung zum Spiel und seine Zuhörer mit Spielverderbern, die sich nicht auf seine

Spielregeln einlassen wollen: „Wir haben euch aufgespielt, und ihr wolltet nicht tanzen; wir haben euch vorgeklagt, und ihr wolltet nicht trauern“ (Matth. 11, 17).

Selbstverständlich können wir durch Spiele nicht Glauben oder Liebe prodozieren. Wir können aber Hilfestellungen geben, für die vielfältigen Gestaltungsmöglichkeiten von Regeln offener zu werden und so den „Spielraum“ des Zusammenlebens, auch den Spielraum der Liebe, zu erweitern. Spiele können hier an drei Punkten ansetzen:

(1) Sie können neuartige Spielregeln anbieten, damit die Gruppe sie ausprobieren kann.

(2) Sie können verhängnisvolle Regelkreise nachbilden und so der Gruppe helfen, sie auch im Leben besser zu erkennen und zu durchbrechen.

(3) Sie können dazu anregen, selbst neue Spielregeln zu entwickeln.

IV./1. Angebot neuer Spielregeln

Mitbestimmung

8

Wenn ein Lehrer eine neue Klasse übernimmt, entscheidet sich in den ersten Stunden weitgehend, nach welchem Stil gearbeitet wird. Meist liegen die Vorstellungen des Lehrers anders als die der Schüler. Daraus ergibt sich eine Kraftprobe, die meist mit einem Kompromiß endet, je nach Durchsetzungsvermögen mehr zugunsten des Lehrers oder der Schüler. Die Schüler bestimmen den Unterrichtsstil mit, ob ihnen das ausdrücklich zugestanden wird oder nicht. Es scheint deshalb sinnvoller zu sein, die Mitwirkung der Schüler bewußt zu dokumentieren und die Auseinandersetzung offen zu führen, statt sich auf einen Kampf im Untergrund einzulassen. Dazu soll dieses Spiel beitragen.
Der Lehrer gibt der Klasse bekannt, daß er sich zunächst mit ihr über die Art der künftigen Zusammenarbeit einigen wolle. Zu diesem Zweck sollen zunächst sechs verschiedene Möglichkeiten des Unterrichts durchgespielt werden, jede fünf Minuten lang. Nach jeder Einheit benotet jeder für sich den Unterrichtsstil, den er er-

 lebt hat, mit den üblichen Noten 1 bis 6. Dazu bereitet jeder Schüler eine Tabelle mit den Beurteilungskriterien und den Nummern der 6 Einheiten vor:

	1.	2.	3.	4.	5.	6.
Macht es Spaß?						
Lernt man etwas?						
Entsteht gute Gemeinschaft?						
Weitere Vorschläge:						

In jedes Kästchen werden die Noten eingetragen (z.B. Note 1 = es macht viel Spaß, Note 6 = es macht gar keinen Spaß), unter „weitere Vorschläge" können Einfälle geschrieben werden, die bei den 6 gespielten Einheiten nicht vorgekommen sind.
Der Lehrer erklärt, daß die Ergebnisse später zusammengefaßt und besprochen werden. Er stellt dabei fest, daß er selbst bei der Unterrichtsgestaltung auch ein Wort mitzureden habe, da ihm nicht jeder Stil gleich gut liege; auch seien die verschiedenen Unterrichtsthemen nicht für alle Stile gleich gut geeignet. Es liege ihm aber daran, eine Vereinbarung zu treffen, mit der möglichst alle einverstanden sein können.
Nun beginnt der Lehrer, jeweils 5 Minuten lang, mit kurzer Benotungspause dazwischen, irgendein Thema in einem bestimmten Stil zu behandeln. Er wählt am besten einen Stoff, den er sowieso in den nächsten Stunden durchnehmen will. Hier sechs Vorschläge, die natürlich beliebig erweitert oder verändert werden können:

(1) *Ich frage, ihr antwortet.*

Der Lehrer beginnt nach einer kurzen Einführung, die Schüler auszufragen, Antworten aus ihnen herauszulocken, die er sofort mit „richtig" oder „falsch" beurteilt. Er achtet streng auf Meldungen, keiner darf reden, ohne gefragt zu sein. Schülerfragen werden mit „So weit sind wir noch nicht" beiseitegeschoben.

(2) *Macht, was ihr wollt.*

Der Lehrer gibt das Thema an und fordert die Klasse auf, sich damit zu befassen. Dann setzt er sich mit verschränkten Armen hin und schweigt.

(3) *Ich rede, ihr hört zu.*

Der Lehrer hält einen Vortrag und läßt sich nicht durch Schülerbeiträge unterbrechen.

(4) *Ihr organisiert eine Diskussion.*

Der Lehrer fordert die Klasse auf, über das angegebene Thema zu diskutieren und selbst einen Diskussionsleiter zu bestimmen. Er selbst nimmt an der Diskussion teil wie die anderen, meldet sich wie sie zu Wort und läßt sich vom Diskussionsleiter aufrufen.

(5) *Jeder arbeitet für sich.*

Der Lehrer stellt den Schülern eine Aufgabe, die jeder für sich allein durchführen kann, z.B. einen Aufsatz zu schreiben. Er unterbindet alle Ansätze von Zusammenarbeit.

(6) *Ihr arbeitet in Gruppen.*

Der Lehrer teilt die Klasse in Kleingruppen und gibt ihnen Aufgaben, die sie in Zusammenarbeit erledigen können.

Diese Liste ist natürlich nicht vollständig, und wahrscheinlich wird mancher gerade den Stil vermissen, den er selbst bevorzugt, etwa das vom Lehrer behutsam gesteuerte Gruppengespräch. Auch erscheinen einige Vorschläge etwas karikiert. Das ist aber kein Schaden. Die Schüler sollen sich ja ein Urteil bilden, und dazu gehört auch, daß sie einiges als unmöglich verwerfen, und daß sie selbst durch weitere Vorschläge die Lücken füllen.

Nun beginnt die Auswertung. Die Benotungsformulare werden eingesammelt und der Notendurchschnitt für jede Frage und jeden Stil wird ausgerechnet. Wenn man für das Spiel nur eine Stunde zur Verfügung hat und die Auswertung verschieben muß, können die Durchschnittswerte in der Zwischenzeit ausgerechnet werden. Das Ergebnis wird an die Tafel geschrieben und diskutiert. Ziel ist eine Verständigung zwischen Lehrer und Schülern, wie künftig der Unterricht aussehen soll. Dabei muß natürlich nicht eine einzige Form für alle Zeiten beschlossen werden. Wahrscheinlich wird ein sinnvoller Wechsel zwischen den als brauchbar erwiesenen Formen von allen akzeptiert werden.
Aber wichtiger als das Ergebnis scheint mir noch ein anderer Ertrag dieses Spiels zu sein. Die Schüler haben zunächst einmal erfahren, daß es überhaupt verschiedene Möglichkeiten der Unterrichtsgestaltung gibt, und zwar nicht nur abhängig von dem jeweiligen Lehrer, sondern auch bei ein und demselben Lehrer. Sie haben weiter erfahren, daß man sich über die verschiedenen Stile Gedanken machen

kann, und daß man als Schüler an ihrer Gestaltung mitbeteiligt ist. Das Unterrichtsgeschehen rollt nicht mehr nach unabänderlichen Regeln ab, sondern es wird von Lehrer und Schülern besprochen, geplant, ausgewählt. Diese Erfahrung könnte bei Klassen, die dafür aufgeschlossen sind, über das ganze Schuljahr verlängert werden, so daß der Lehrer immer wieder einmal mit den Schülern die Frage bespricht, wie ein bestimmtes Unterrichtsthema am besten bearbeitet werden könnte.

Es muß nun allerdings einschränkend darauf hingewiesen werden, daß man mit der Kenntnis einer besseren Spielregel noch lange nicht am Ziel ist. Eine Klasse, die sich eindeutig für die selbstorganisierte Diskussion entschieden hat, kann trotz der besseren Einsicht daran scheitern und in altgewohnte Spielregeln zurückfallen, ja den Lehrer dazu bringen, die alten Regeln mitzuspielen. Geläufige Regeln, und mögen sie noch so schlecht sein, vermitteln Sicherheit. Neue Regeln verunsichern zunächst und benötigen große Anstrengungen, bis man sich in ihnen zurechtgefunden hat und sie beherrscht. Einer, der neue Regeln in einer Gemeinschaft einführen will, steht unausweichlich dem Widerstand der Gruppe gegenüber, die versucht, mit ihm in gewohnter Weise umzugehen und ihn dahin zu bringen, in gewohnter Weise zu reagieren.
In einem Rollenspiel sollte einmal die Auseinandersetzung zwischen Studenten und einem Kultusminister dargestellt werden. Der Spieler des Ministers hatte sich fest vorgenommen, mit den Studenten partnerschaftlich und nicht autoritär umzugehen. Er kam nicht dazu. Die Studenten ließen nicht locker, bis sie ihn in der Rolle hatten, die ihrem Bild von einem Kultusminister entsprach. Dieser Regelzwang der Studenten war nicht bewußte Taktik. Sie waren alle sehr erstaunt, als die Beobachter es ihnen sagten. Umso deutlicher zeigt aber dieses Beispiel, daß man sich auf Rückschläge gefaßt machen muß, wenn man neue Regeln anbieten will, oder auch nur, wenn man als Einzelner in eine neue Gruppe kommt mit dem festen Vorsatz, sich nicht den dort herrschenden Spielregeln anzupassen. Auch und gerade dann, wenn man die Gruppe auffordert, über die geltenden Regeln zu sprechen, kann man leicht Schiffbruch erleiden, denn es könnte ja zu den Gruppenregeln gehören, nicht über Gruppenregeln zu sprechen.

Regelbildung in neu zusammengestellten Gruppen

Trotz dieser Schwierigkeiten haben wir als Gruppenleiter und Pädagogen die Aufgabe, an der vernünftigen Gestaltung der Regeln zu arbeiten. Besonders günstige Voraussetzungen hierfür bieten neu zusammengestellte Gruppen, etwa zu Beginn eines Seminars oder in den ersten Konfirmandenstunden, wenn sich die Teilnehmer noch nicht kennen oder jedenfalls noch nicht als Gruppe zusammengearbeitet haben. Hier ist noch offen, nach welchen Regeln sich das Gruppengeschehen abspielen soll. Zwar bringt jeder Einzelne bestimmte Vorstellungen mit, aber die Gruppe als Ganze hat noch keinen gemeinsamen Nenner gefunden. Sie erwartet in der Regel (offenbar taucht doch bereits eine weithin gültige „Regel" auf!), daß der Gruppenleiter ihr das gibt, was sie selbst noch nicht hat: eine geregelte Struktur, in der man sich auskennt und sicher fühlt. Der Gruppenleiter hat es also scheinbar in dieser Anfangssituation sehr einfach: die Gruppe wird jede Regel von ihm annehmen, denn Regellosigkeit ängstigt. Aber was geschieht, wenn er den „Strukturhunger" (Berne 23) der Gruppe mit seinen eigenen Regeln sättigt? Wenn er einfach sagt: Wir machen das so und so? Er tut damit zwei Dinge zugleich: Erstens gibt er – inhaltlich – seine Vorstellungen bekannt. Zweitens praktiziert er – auf der Beziehungsebene – eine weitere Regel, die man etwa so in Worte fassen könnte: „Ich gebe hier an, was gespielt wird, und ihr werdet nicht gefragt." Das kann paradoxerweise selbst dann passieren, wenn er inhaltlich bekanntgibt: „Wir wollen hier alle zusammenarbeiten und jeder soll zu Wort kommen." Die Gruppe wird über kurz oder lang nicht mehr damit zufrieden sein, daß nur einer, der Leiter, die Regeln bestimmt, und da dieser ihr nicht vorpraktiziert hat, daß man sich darüber verständigen kann, wird sie sich anderweitig zur Wehr setzen: durch Abschalten, Stören, Wegbleiben oder hartnäckiges Diskutieren an unwesentlichen Stellen.

Das andere Extrem bildet der Gruppenleiter, der zu Beginn der gemeinsamen Arbeit solange schweigt, bis die Gruppe merkt, daß bei ihm nichts zu holen ist, und sich selber darüber Gedanken macht, wie sie die Arbeit gestalten will. Auch er praktiziert, ohne ein Wort zu sagen, eine Regel und zwingt die Gruppe, sie zu akzeptieren: „Ich bin nicht dazu da, euch die Arbeit der Strukturierung abzunehmen." In gruppendynamischen Trainings ist diese Art des Einstiegs geläufig, und sie kann dort tiefgreifende Prozesse in Gang setzen. Sie erzeugt aber auch Angst, sowohl bei der Gruppe als auch bei dem schweigenden Leiter. Bis die Angst durchgestanden ist, und bis die Gruppe ihren Weg gefunden hat, vergeht viel Zeit, und es ist fraglich, ob die Gruppe diesen Stress verkraftet und ob der Leiter aus der wachsenden Verwirrung schließlich noch etwas machen kann.

Beiden Extremen ist eines gemeinsam: Der Leiter signalisiert seiner

Gruppe nicht, daß er bereit ist, *mit ihr zusammen* vernünftige Regeln zu vereinbaren. Der günstigste Weg besteht also offenbar darin, daß der Gruppenleiter zu Beginn ein Gespräch über die Art der Zusammenarbeit anregt. Er fragt nach den Erwartungen und Vorstellungen der Teilnehmer, macht auch selbst Vorschläge, achtet aber darauf, daß die Gruppe in gemeinsamer Überlegung zu einer Einigung kommt und nicht einfach die Pläne des Leiters „schluckt". Damit praktiziert er die Regel: „Für unsere künftige Zusammenarbeit sind wir alle gleichermaßen verantwortlich." Auch gegen dieses Vorgehen werden sich manche Gruppen wehren, weil sie bisher nur die Regel gewohnt waren: „Der Leiter bestimmt, was getan wird." Sie werden etwa einwenden: „Sie wissen doch besser als wir, wie der günstigste Weg aussieht. Wir richten uns gern nach Ihnen!" Aber hier lohnt es sich, dem Selbstentmündigungsversuch der Gruppe nicht nachzugeben und die eigenen Pläne erst dann zu äußern, wenn auch die anderen ihre Vorstellungen mitgeteilt haben. Denn der Leiter, der „es doch viel besser weiß", wird sonst bald zu dem, von dem man sich „doch etwas anderes erwartet hätte".

Regeländerung in bestehenden Gruppen

Etwas schwieriger ist die Lage, wenn wir es mit bereits bestehenden Gruppen zu tun haben, deren Regelsystem sich in längerer Zeit herauskristallisiert hat, z.B. mit einer traditionellen Kirchengemeinde oder einer Schulklasse, die in derselben Zusammensetzung schon lange besteht. Hier liegen die Spielregeln fest, und ein Neuling tut gut daran, sie zunächst einmal gründlich kennenzulernen und ihren Sinn zu verstehen, bevor er sich daran machen kann, sie zu verändern. Es kann sein, daß einem Pfarrer, der in einer Gemeinde zu arbeiten beginnt, dort manches nicht behagt, seien es liturgische Gepflogenheiten oder die Art, wie junge Leute ihre Freizeit verbringen. Das besagt zunächst nichts weiter, als daß das gewohnte Regelsystem des Pfarrers nicht mit dem der Gemeinde übereinstimmt. Ob die Spielregeln der Gemeinde tatsächlich verwerflich sind, d.h. ob sie den Menschen oder dem Evangelium schaden, kann der Pfarrer erst dann beurteilen, wenn er ernsthaft versucht hat, die Zusammenhänge wahrzunehmen und zu verstehen. Vieles wird sich als andersartig, aber nicht als bösartig entpuppen. Man kann sich mit fremden Gruppen in dem Maß verständigen, in dem man ihre Spielregeln beherrscht und begreift. So wie man erst einmal englisch verstehen und sprechen können muß, bevor man Engländern die deutsche

Sprache beibringen kann, so setzt das Angebot neuer Spielregeln voraus, daß man mit den gängigen vertraut ist.
Nun kann man allerdings beim Kennenlernen einer Gruppe tatsächlich verhängnisvolle Spielregeln entdecken. Was kann man dann tun? Wir wollen uns das in drei typischen Situationen überlegen:

Situation A: Das Regelsystem der Gruppe erscheint uns lückenlos intakt; es funktioniert so gut, daß die Gruppe selbst keinen Ansatz zur Kritik findet. Und gerade in dieser Geschlossenheit schadet es, z.B. indem jeder Außenstehende, der von der Regel abweicht, naiv diffamiert wird. Hier scheint es mir wichtig zu sein, daß wir unsere Änderungsversuche auf *einen* Punkt konzentrieren, also der Gruppe als notwendige Stütze die anderen – harmloseren – Regeln lassen. Es ist oft erstaunlich, wie undifferenziert viele Leute die verschiedenartigsten Regeln gleichwertig nebeneinander stellen. Ein erboster Vater z.B. beklagt sich in einem Atemzug über die langen Haare, die frechen Bemerkungen, die grauenvollen Schallplatten und die kriminellen Delikte seines Sohnes. Er hat insofern recht, als alle vier Punkte Symptome dafür sind, daß der Junge die Spielregeln des Elternhauses nicht mehr akzeptiert. Er hätte aber weit mehr Chancen, den Sohn vor dem Abrutschen in die Kriminalität zu bewahren, wenn er sich auf diesen einen Punkt konzentrieren würde und mit den langen Haaren und den Beatplatten, vielleicht sogar mit seiner patzigen Redeweise einverstanden wäre. Ähnlich scheint mir in Gruppen mit verfestigten Regeln der Ansatz an *einer* Stelle am meisten Erfolg zu verheißen. Es könnten z.B. in einer Gemeinde unter anderm die Regeln gelten, daß man 1. bei jeder Christvesper „Stille Nacht" singt, 2. bei Beerdigungen Vereinsfahnen mitträgt und 3. ledige Mütter als „gefallene Mädchen" behandelt. Wenn der Pfarrer damit begonnen hat, der Gemeinde „Stille Nacht" und die Fahnen abzugewöhnen, wird er unter Umständen bei seinem dritten Reformversuch, wo es nun wirklich um eine entscheidende Frage geht, die Reaktion zu spüren bekommen: „Nun reicht's uns aber, Herr Pfarrer!"

Situation B: Das Regelsystem der Gruppe hat sich überlebt; viele halten sich zwar noch daran, aber einige revoltieren. Es entsteht eine Spaltung – ein Symptom dafür, daß die alten Regeln reformbedürftig geworden sind. In dieser Situation schließt sich der Leiter besser nicht einer der beiden Parteien an, selbst wenn ihm deren Tendenz zusagt. Er würde dadurch eine fruchtbare Auseinandersetzung eher blockieren als zum Ziel führen. Seine Aufgabe ist es vielmehr, der Gruppe zu helfen, die Meinungsverschiedenheiten offen und fair auszutragen (vgl. die Rolle des „Trainers" beim FAIREN STREIT, S. 74). Spaltungen sind keine Katastrophe, solange man nicht den billigsten Weg wählt und auseinandergeht. Vielmehr können sie der Anfang einer Neuorientierung sein.

Situation C: Das Regelsystem der Gruppe ist in Verwirrung geraten; der Ruf nach einem starken Mann wird laut, der endlich wieder Ordnung in die Gruppe bringt. Dies ist eine ähnliche Situation wie bei Beginn einer neu zusammengestellten Gruppe (s.o.), nur daß man es dem Leiter sehr viel schwerer macht, mit seinen Vorschlägen anzukommen. Jeder Versuch einer Strukturierung stößt ins Leere. Man weiß nur, daß es so nicht mehr weitergehen kann, aber man sieht keine Lösung und läßt sich auch keine anbieten. Besonders Jugendgruppen geraten immer wieder einmal in solch einen Zustand. Es ist gut, wenn der Gruppenleiter solche Krisen aus Erfahrung kennt und weiß, daß sie nicht ewig andauern. Dann kann er geduldig mit der Gruppe die Zeit der chaotischen Unentschlossenheit durchstehen und den günstigen Augenblick abpassen, an dem ein einziger gezielter Vorschlag plötzlich zündet. Vielleicht könnte dieser Vorschlag ein Spiel sein, das die Gruppe reizt, neue Regeln auszuprobieren.

Einige Vorschläge für neue Gruppenregeln sind in „Spielend bei der Sache" unter den „Regelspielen" aufgeführt (51f Nr. 67–72; vgl. auch das SCHLÜSSELSPIEL, 72 Nr. 78).

Das folgende Regelspiel ist nicht als ernsthafter Vorschlag neuer Verhaltensregeln gedacht. Es wurde von Studenten aus England mitgebracht und dient zunächst dazu, einer fantasiebegabten Gruppe einen vergnügten Abend zu bereiten. Das Spiel kann aber auch zum Nachdenken anregen, da es die parlamentarische Debatte ironisch beleuchtet und ihre Schlagseiten deutlicher hervortreten läßt.

9 Parlamentsspiel

Das Spiel verfolgt den Zweck, politische, allgemein interessierende, aber auch amüsante und absurde Themen in der Form parlamentarischer Debatte angelsächsischen Stils zu diskutieren. Man wählt also entweder ein groteskes Thema (wie z.B. Karl Valentins Antrag, das Verkehrsproblem dadurch zu lösen, daß am Montag nur die Radfahrer, am Dienstag nur die Fußgänger, am Mittwoch nur die Feuerwehr

usw. die Straßen benutzen dürfen), oder ein ernsthaftes Problem mit möglichst viel Zündstoff (z.B. einen Antrag zur Emanzipation der Frau oder des Mannes). Wenn die Thematik weder komisch noch konfliktgeladen ist, fällt es den Spielern schwer, ihre Rolle mit Leben zu füllen.
Ziel des Parlamentsspiels ist es nicht, Beschlüsse zu fassen, sondern mit den Mitteln rationaler Argumentation wie auch ironischer Kritik am Diskussionsgegner eine Mehrheit des Hauses für bzw. gegen den Antrag zu gewinnen. Da ein Parlamentsspiel also den Charakter einer Spiel-Diskussion hat, kommt es nicht darauf an, ob die Meinung, die ein Redner vertreten will oder zu vertreten hat, seine eigene Meinung ist, sondern nur, wie überzeugend er sie vorzutragen vermag.

(1) Die Spielgruppe konstituiert sich als „Haus" mit einem Präsidenten als Verhandlungsleiter. Das Haus tagt in zwei getrennt sitzenden Fraktionen „für" und „gegen" den Antrag. Fraktionswechsel während der Debatte ist zulässig.

(2) Debattiert wird über einen Antrag, für und gegen den zunächst je zwei Redner sprechen. Dem Antragsteller (1. Redner für den Antrag) und dem Antragsgegner (1. Redner gegen den Antrag) stehen je 10 Min., dem 2. Redner für bzw. dem 2. Redner gegen den Antrag je 5 Min. Redezeit zur Verfügung.

(3) Kurze Zwischenrufe sind nicht nur erlaubt, sondern auch erwünscht, solange sie prägnant und witzig sind. (Formalbeleidigungen gelten nur in besonderen Fällen als witzig.)

(4) Zwischenfragen von Mitgliedern der Gegenfraktion sind erlaubt, wenn sie vom Redner zugelassen werden. Wer eine Frage zur Sache an den Redner hat, erhebt sich schweigend. Der Redner bringt seinen Gedanken zu Ende und erteilt dann dem Frager das Wort. Der Redner kann sich allerdings weigern, Zwischenfragen zuzulassen.

(5) In der anschließenden Debatte wird nach Fraktionen debattiert, d.h. es erhält immer abwechselnd ein Sprecher für und dann ein Sprecher gegen den Antrag das Wort. Getrennte Rednerlisten nach Fraktionen werden vom Präsidenten geführt.

(6) Jeder Beitrag zur Debatte beginnt mit der Anrede „Herr Präsident" oder „Hohes Haus". Von einem andern Mitglied des Hauses wird grundsätzlich nur in der 3. Person gesprochen, z.B. bei Mitgliedern der Gegenfraktion wird gesagt: „Mein sehr verehrter Vorredner", „Der Antragsteller (-gegner)", „Der zweite Redner für

(gegen) den Antrag", „Ein Mitglied dieses Hauses hat behauptet...";
bzw. bei Mitgliedern der eigenen Fraktion: „Mein lieber Kollege so-undso", „Ein Kollege (Mitglied) meiner Fraktion".
Der Beitrag selbst sollte möglichst knapp und direkt zur Sache sein, er sollte zu der Aufforderung an das Haus führen: „Ich bitte Sie darum, diesem Antrag zuzustimmen (diesen Antrag abzulehnen)!". Die Redezeit beträgt pro Redner drei Minuten.

(7) Der Präsident ruft Mitglieder, die den ordnungsgemäßen Ablauf der Debatte beeinträchtigen, zur Ordnung. Ein Mitglied des Hauses, das vom Präsidenten dreimal zur Ordnung gerufen werden mußte, kann vom Präsidenten des Hauses verwiesen werden.

(8) Am Ende der Debatte läßt der Präsident über den Antrag abstimmen.

Die beiden folgenden Spiele bieten neue Regeln an für Situationen, mit denen viele Gruppen nur schwer fertig werden: GLEICHGEWICHT kann Gruppen weiterhelfen, in denen einige immer das Wort führen und andere fast nie etwas sagen. FAIRER STREIT leitet Gruppen, die mit ihren Aggressionen nicht recht umzugehen wissen, zur fruchtbaren Auseinandersetzung an.

10 Gleichgewicht

In jeder Gruppe, Familie oder Arbeitsgemeinschaft spielt die Frage eine Rolle, wer „etwas zu sagen hat". Wir verwenden diese Redewendung in mehrfachem Sinn, und das ist charakteristisch für die Dynamik, die sie ausdrückt: Wer etwas zu sagen hat, d.h. wem die Gruppe eine einflußreiche Stellung gewährt, der kann sich erlauben, beim Gruppengespräch viel zu sagen, oft das Wort zu ergreifen. Und wer in der Gruppe viel zu Wort kommt, der gilt etwas in den Augen der andern, oder er meint jedenfalls etwas zu gelten. Umgekehrt wird einer, der „nichts zu sagen hat", auch weniger zu Wort kommen, und einer, der beim Gruppengespräch häufig schweigt, wird an Geltung und Einfluß verlieren. Wenn diese Rechnung auch nicht hundertprozentig aufgeht, so können wir doch eine deutliche Wechselbeziehung zwischen Einfluß und Häufigkeit des Redens feststellen.
Darüber kommt manches zu kurz, was die zurückhaltenden und weniger einflußreichen Teilnehmer eben doch „zu sagen hätten" in des Wortes dritter Bedeutung: gute Gedanken und sinnvolle Vorschläge

dieser „Stillen im Lande“ gehen der Gruppe verloren, und es ist gar nicht ausgemacht, daß die Beiträge der einflußreichen Vielredner inhaltlich wertvoller sind als das, was die andern verschweigen, weil sie kaum zu Wort kommen. Wenn sich die Rangordnung eingespielt hat, überhört man sie auch häufig, gleich ob ihr Beitrag etwas taugt oder nicht. Man könnte nun die Wertskala einfach umkehren und Zurückhaltung als etwas Besseres bewerten, wie es in dem Sprichwort „Reden ist Silber, Schweigen ist Gold“ zum Ausdruck kommt. Das hilft aber nicht weiter. Es kann höchstens die Selbstachtung der Schweiger anheben und sie als stille Beobachter, die sich ihr Teil denken, von der Gruppe distanzieren. Die unfruchtbare Spielregel wird aber dadurch nur mit anderem Vorzeichen bestätigt, und ein Großteil der vorhandenen Möglichkeiten geht weiterhin der Gruppe verloren.

Das Spiel GLEICHGEWICHT schlägt eine andere Bewertungsregel vor: „Je gleichwertiger *alle* am Gespräch beteiligt sind, desto größer wird der Ertrag der Gruppenarbeit sein.“ Als Instrument dient uns dazu eine einfache Rechnung, die der Gruppe mit dem besten „Gleichgewicht“ die meisten Punkte bringt. Und als Anreiz, die mächtige alte Regel zu durchbrechen, dient uns die Wettkampfdynamik.

Die Gruppe teilt sich in zwei oder mehrere gleich große Untergruppen. Der Spielleiter erklärt das Ziel des Wettkampfes: Gewonnen hat die Gruppe, in der alle am gleichmäßigsten zu Wort gekommen sind. Er erläutert vor dem Spiel, wie die Punkte ausgerechnet werden und lost die Reihenfolge aus, denn die Gruppen spielen nicht gleichzeitig, sondern nacheinander. Nun setzt sich die erste Gruppe in die Mitte. Jedem Gruppenmitglied wird ein Beobachter zugeteilt. Er setzt sich am besten so, daß er dessen Gesicht sehen kann. Jeder Beobachter führt eine Strichliste darüber, wie oft der ihm zugeteilte Teilnehmer das Wort ergreift. Jeder Beitrag wird gezählt, gleich ob er nur aus einem Wort oder aus einer langen Erklärung besteht. (Man könnte auch Worte oder Sätze zählen oder die Redezeit abstoppen. Es muß nur eindeutig geklärt sein, was gezählt wird, sonst streiten sich die Gruppen hinterher über die Ergebnisse. Die einfachste und eindeutigste Methode scheint mir die hier vorgeschlagene zu sein: Man macht jedesmal einen neuen Strich, wenn der Betreffende wieder zu Wort kommt, nachdem andere geredet haben, oder nachdem er selbst eine längere Pause gemacht hat.)

Die Gruppe beginnt nun ein Gespräch. Das Thema ist unwichtig. Es kann vorher vereinbart werden, muß aber nicht. Jedenfalls

 müssen *alle* Gesprächsbeiträge gezählt werden, auch die, die nicht zum Thema gehören. Die Diskussion läuft so lange, bis ein Teilnehmer die Zahl von 20 Beiträgen überschreitet, d.h. in dem Augenblick, in dem einer zum 21. Mal zu sprechen beginnt, ruft sein Beobachter laut „Halt!". (Wenn man die Dauer der einzelnen Runden verlängern oder verkürzen will, kann man natürlich statt der Zahl 20 höhere oder niedrigere Zahlen vereinbaren. Nur muß jede Gruppe dieselbe Grenzzahl haben).
Nun nennt jeder Beobachter die Zahl der Gesprächsbeiträge, die er bei seinem Teilnehmer notiert hat. Die Zahlen werden für alle sichtbar untereinander geschrieben, und zwar nach Größe geordnet: zuoberst die 20, darunter die weiteren Werte bis zur kleinsten Zahl.

Wenn alle Gruppen ihr Gespräch hinter sich haben und alle Zahlen angeschrieben sind, beginnt die Punktwertung, und zwar nach folgender Rechnung: Die höchste Zahl wird einfach gerechnet, die zweithöchste doppelt, die dritthöchste dreifach usw. Die Summe dieser Werte ergibt die erreichte Punktzahl. (Wenn gleiche Zahlen vorkommen, wird ebenso verfahren, d.h. eine der beiden Zahlen wird einmal mehr gerechnet als die andere.)

Beispiel:	Gruppe I	Gruppe II	Gruppe III
	20 · 1 = 20	20 · 1 = 20	20 · 1 = 20
	18 · 2 = 36	15 · 2 = 30	10 · 2 = 20
	13 · 3 = 39	15 · 3 = 45	8 · 3 = 24
	5 · 4 = 20	12 · 4 = 48	7 · 4 = 28
	2 · 5 = 10	10 · 5 = 50	7 · 5 = 35
	Punkte: 125	Punkte: 193	Punkte: 127

Gruppe II hat überlegen gewonnen. Hier haben sich alle intensiv am Gespräch beteiligt. Auch der Letzte war mit 10 Beiträgen immer noch gut dabei. Gruppe I hat knapp hinter Gruppe III verloren. Dort waren zwar zwei Teilnehmer mit 18 und 13 Beiträgen sehr viel stärker beteiligt als die entsprechenden in Gruppe III, aber dafür wurden die beiden letzten ganz in den Hintergrund gedrängt. Gruppe III hatte zwar einen stark dominierenden Wortführer, aber die anderen zeigten unter sich mit 10, 8 und 7 ein gutes Gleichgewicht. Das macht sich bezahlt, nicht nur bei dieser Punktwertung, sondern ebenso im Gruppenprozeß.
Zum Vergleich kann man leicht die Höchst- und Tiefstwerte errechnen. Die „ideale Gruppe" könnte 20 · 1 + 20 · 2 + 20 · 3 + 20 · 4 + 20 · 5 = 300 Punkte erreichen, wenn alle genau gleich

oft zu Wort kämen. Der niedrigste Wert wäre 20 Punkte, wenn alle schweigen und nur einer redet. Das kommt freilich in Gruppen, die sich zum Gespräch zusammensetzen, nicht vor. Häufig artet ein Gruppengespräch aber in ein Zwiegespräch zwischen zwei Partnern aus. Das ergäbe die Punktzahl $20 \cdot 1 + 20 \cdot 2 = 60$.

Besonders schlaue Gruppen werden bei diesem Spiel versuchen, eine schematische Regelung zu finden, die die höchste Punktzahl garantiert, indem sie etwa reihum einer nach dem andern sprechen. In diesem Fall kann zweierlei geschehen:

(1) Die Regelung macht Schwierigkeiten. Man muß sich ja einigen, also darüber reden, und während man das tut, notieren die Beobachter bereits ihre Punkte. Um diesen Fehler auszugleichen, muß man sich wieder verständigen – die Gruppe verwickelt sich immer mehr in Dispute, die das angestrebte Gleichgewicht stören und dadurch neue Dispute nötig machen. Das kann auf die Zuschauer sehr erheiternd wirken und allerhand Anregung geben für die Auswertung: Ist es sinnvoll, Gruppenschwierigkeiten durch schematische Vereinbarungen anzugehen? Man muß sich darüber klar sein, daß sie Krücken sind, dazu geschaffen, um weggeworfen zu werden, wenn die Gruppe wieder laufen kann.

(2) Die Regelung gelingt. Jeder kommt der Reihe nach zu Wort, und es entsteht ein gutes Gespräch. Wenn sich der Zorn der anderen Gruppen über diesen „faulen Trick" gelegt hat, könnte der Spielleiter vorschlagen, ob man nicht am Anfang eines Gruppengespräches einmal so verfahren könnte: Bevor die freie Diskussion beginnt, kommt jeder erst einmal zu Wort, um seine Gedanken mitzuteilen. In vielen Gruppen hat sich diese Regelung bewährt. Sie verschafft der Gemeinschaft eine größere Breite von Gesprächsmaterial für die folgende Diskussion.

Die Berechnung der Punktzahl ist mit kleinen Änderungen einer Untersuchung von Axel Svensson entnommen (Svensson 104). Er verwendete sie zur Feststellung des „Partizipationswertes" von Gruppen und stellte fest, daß trainierte Gruppen höhere Punktwerte erreichen als untrainierte. Er gab den untersuchten Gruppen sein Beurteilungsschema nicht bekannt, d.h. die höheren Werte ergaben sich aus der wachsenden Kooperationsfähigkeit der Gruppen. Unser Spiel beschreitet den umgekehrten Weg. Es kann natürlich eine Gruppe nicht schlagartig kooperationsfähig machen; aber es kann das Ziel, daß alle am Gruppenprozeß mitbeteiligt sind, ins Bewußtsein rücken. Im Übrigen ist es weder nötig noch wünschenswert, daß in einer Gruppe alle mit genau derselben Anzahl von Gesprächsbeiträgen beteiligt sind. Es werden immer einige „mehr zu sagen haben“ als andere, und gewöhnlich ändert sich die Gewichtverteilung je nach Thematik und Kondition der Teilnehmer. Wenn aber die Unterschiede zu extrem werden und sich verfestigen, ist es Zeit, etwas dagegen zu tun. Dazu kann dieses Spiel den Anstoß geben.

11 Fairer Streit

Vorbemerkungen: Aggression und Liebe

Aggressionen sind in einer Gruppe unvermeidlich. Sie müssen keineswegs immer zerstörend wirken, sondern können vielmehr den Kraft- und Zündstoff für notwendige Veränderungen abgeben, vorausgesetzt, daß man mit ihnen konstruktiv umgehen kann. Viele können das nicht. Man kann zwei typische Verhaltensweisen beobachten, durch die wertvolle aggressive Energie nutzlos verpulvert wird, statt daß man sie zur Bewältigung anstehender Probleme einsetzt.
Das eine Extrem besteht im hemmungslosen Austoben, bei dem jedes Mittel recht ist, den anderen zu verletzen. Dem Angreifer geht es weniger darum, zu beseitigen, was ihn ärgert, sondern mehr darum, zu zerstören, weh zu tun, zu demütigen. Das andere Extrem erwächst aus der Angst vor solchen vernichtenden Angriffen: Man erlaubt sich und anderen überhaupt keine Aggressionen und zwingt sich dazu, immer lieb und freundlich zu sein. Das kann so weit gehen, daß man seine aggressiven Tendenzen gar nicht mehr ins Bewußtsein vordringen läßt. Leider werden sie dadurch nicht weniger wirksam, sondern sie suchen sich Schleichwege, um den Gegner auf eine verborgene Weise zu verletzen, ohne das eigene Gewissen zu stören. Oder sie richten sich gegen die eigene Person und erzeugen Selbstvorwürfe, Depressionen und Krankheiten. Das schrecklichste Ergebnis solcher unbewältigter Aggressionen ist der Selbstmord.
In der Geschichte von Kain und Abel wird erzählt, wie Gott dem Kain den aufsteigenden Haß bewußt macht: „Warum ergrimmst du? Und warum senkst du deinen Blick?“ Gott spiegelt ihm seine Körpersprache wieder und wertet sie als ein Signal, daß es jetzt darauf ankommt, das wilde Tier, das „vor der Tür lauert“, in seine Gewalt zu bekommen: „Du aber herrsche über sie!“ (1. Mose 4, 6–7). Wie sieht dieses Herrschen aus? Das unter Christen weit ver-

breitete Mißverständnis, daß Liebe gleich Nachgeben und Hinunterschlucken bedeutet, wird von der Bibel nicht gedeckt. Jesus streitet mit großer Vehemenz gegen die Schriftgelehrten und Pharisäer (Matth. 23, 13ff), er greift sogar zur Peitsche (Matth. 21, 12ff). Paulus kämpft erbittert gegen die Leute, die „das Evangelium Christi verkehren wollen" (Gal. 1, 7) und liefert uns das Musterbeispiel eines fairen Streits, indem er Petrus „vor allen öffentlich" zur Rede stellt (Gal. 2, 14ff). Selbst bei ihrer Zwiesprache mit Gott zeigen die Menschen der Bibel bei aller Demut eine kämpferische Hartnäckigkeit, um Gott zu einem anderen Handeln zu bewegen (vgl. Abrahams Fürbitte für Sodom 1. Mose 19, 23ff, Moses Fürbitte für Israel 2. Mose 32, 11ff und Hiobs Klage gegen Gott). Offenbar versteht die Bibel das „Herrschen" über die Aggressionen so, daß Meinungsverschiedenheiten offen ausgetragen werden, ohne die Gemeinschaft oder das Leben des andern zu zerstören. Übrigens bedeutet auch das Gebot Jesu, nach einer Ohrfeige auch die andere Backe hinzuhalten (Matth. 5, 39), alles andere als Hinnehmen und Nachgeben. Es fordert zu einer treffsicheren Demonstration dafür auf, daß der Geschlagene die Spielregeln nicht zu befolgen gedenkt, die der Schläger ihm aufzwingen will. Der Gegner drückt durch seinen Schlag aus: „Ich beleidige dich. Wehre dich, wenn du kannst!" Und der Geschlagene antwortet mit seiner Körpersprache: „Ich denke nicht daran, mich deiner Regel von Schlag und Gegenschlag zu unterwerfen. Ich lebe nach andern Regeln als du und stelle dein ganzes Regelsystem hiermit in Frage!" So ist auch diese urchristliche Praxis ein Stück Auseinandersetzung mit den Mitmenschen, die nicht zerstören, sondern fruchtbare Änderungen herbeiführen möchte.

Die Übung FAIRER STREIT bietet hierfür praktische Hilfen an. Sie wurde von George R. Bach und seinen Mitarbeitern entwickelt (Bach/Bernhard 86ff, Bach/Wyden 167ff) und kann allen Gruppen nützlich werden, die mit ihren Aggressionen sinnvoller umzugehen lernen wollen. Der Gruppenleiter kann den FAIREN STREIT dann einführen, wenn zwei in der Gruppe offensichtlich ein „Hühnchen miteinander zu rupfen" haben. Er kann die Übung aber auch ohne akuten Anlaß durchspielen lassen, um, wenn es nötig wird, die Regeln bereits parat zu haben. Allerdings hat die Übung nur dann einen Sinn, wenn wirklich einer an einen anderen einen ernsthaften Änderungswunsch hat, und seien es nur Kleinigkeiten wie z.B. die Angewohnheit eines Gruppenmitglieds, ständig Zigaretten zu schnorren.
Die Übung bietet drei Hilfen an, um den Streit zu einem konstrukti-

 von Ergebnis zu führen: 1. bewußte Rollenverteilung, 2. strenge Gliederung des Streitablaufs, 3. Richtlinien für faires Streiten.

1. Rollenverteilung

Beteiligt sind zwei Streitpartner: ein Angreifer und einer, der sich dem Angriff stellt, ferner ein oder zwei Trainer und Beobachter. Die Rollenverteilung ergibt sich so: Einer möchte gern bei einem anderen aus der Gruppe eine Änderung herbeiführen. Er schlägt diesem einen FAIREN STREIT vor. Beide wählen sich einen Trainer, entweder jeder den seinen oder einen für beide Partner. Die übrige Gruppe beobachtet den Streit.
Jeder hält sich strikt an seine Aufgabe. Der Trainer hat weder mitzustreiten noch den Streit zu schlichten, sondern er berät die Streitenden und hilft ihnen, fair zu kämpfen und sich an die Richtlinien zu halten (s.u.). Die Beobachter mischen sich nicht ein, sondern registrieren schweigend, ob die Auseinandersetzung den Richtlinien für faires Streiten entspricht. Sie können die verschiedenen Punkte der Richtlinien zur Beobachtung unter sich aufteilen. Wenn der Streit zuende ist, teilen sie den Streitpartnern ihre Beobachtungen mit.
Üblicherweise mischen sich bei Gruppenstreitigkeiten alle in den verschiedensten Funktionen ein: Sie streiten mit, verteidigen, klagen, schimpfen, vermitteln und hetzen auf. Sie tragen dadurch meist nur zu größerer Verwirrung bei. Dies wird durch klare Rollenverteilung vermieden.

2. Gliederung des Ablaufs

Ebenfalls zur Entwirrung dient die sorgfältige Gliederung des Streites in einzelne Schritte. Sie verhindert, daß das eigentliche Anliegen des Streits im Durcheinander von Klage und Forderung, Verteidigung und Gegenangriff untergeht. Der Aufbau des FAIREN STREITs gleicht einem Drama mit drei Akten, wobei sich in jedem Akt dieselben fünf Szenen wiederholen. Es empfiehlt sich, die Gliederung allen Beteiligten schriftlich auszuhändigen und zu erläutern:

	(1) Verabredung
Klage:	(2) Besinnung (3) Beratung (4) Mitteilung der Klage (5) Rückmeldung (6) Belohnung
Wunsch:	(7) Besinnung (8) Beratung (9) Mitteilung des Änderungswunsches (10) Rückmeldung (11) Belohnung
	(12) Wechsel
Antwort:	(13) Besinnung (14) Beratung (15) Mitteilung der Antwort (16) Rückmeldung (17) Belohnung
	(18) Neue Verabredung

Durchführung

(1) Verabredung

Fairer Streit gelingt nur, wenn beide Partner damit einverstanden sind. Der Angreifer muß deshalb unbedingt den anderen, den er sich als Partner wünscht, fragen: „Willst du dich auf einen fairen Streit mit mir einlassen?" Wenn er zustimmt (und *nur* dann!), einigen sich beide auf Ort und Zeit (jetzt gleich hier oder später in einer anderen Umgebung) und wählen sich einen Trainer. Selbstverständlich muß der Trainer auch gefragt werden und einverstanden sein. Ob beide mit demselben Trainer arbeiten wollen oder ob jeder einen anderen Trainer wählt, bleibt ihrer Entscheidung überlassen.

Übrigens ist das freie Einverständnis aller Beteiligten auch für den Gruppenleiter erstes Gebot. Er darf auf keinen Fall die Teilnehmer drängen, beim FAIREN STREIT mitzumachen. Er schlägt die Regeln vor und erläutert sie, aber die Teilnehmer entscheiden selbst, ob sie sich darauf einlassen wollen.

Hier geht es darum, daß der Angreifer seinem Partner den Punkt mitteilen kann, der ihn an ihm stört, ärgert oder beunruhigt. Er soll also noch keine Forderungen stellen und noch nicht an Änderungen denken, sondern sein Ziel soll sein, daß der andere möglichst deutlich erfährt: Das gefällt mir nicht an dir. Dieses Ziel wird in 5 Schritten erreicht:

(2) Besinnung

Der Angreifer fängt nicht gleich zu reden oder gar zu schimpfen an, sondern er denkt zunächst schweigend nach. Er macht sich selbst klar, welcher Punkt ihn stört, was ihm dabei besonders aufregt und warum ihn dies ärgert. Wenn er will, kann er auch „laut" denken" und die Gruppe an seinen „ins Unreine gesprochenen" Gedanken teilnehmen lassen. Alle andern hören schweigend zu.

(3) Beratung

Nun teilt der Angreifer seinem Trainer mit, was er sich überlegt hat. Beide beratschlagen darüber, wie der Angreifer seinem Partner die Klage mitteilt, so daß er sie verstehen und annehmen kann. Der Trainer bringt keine neuen inhaltlichen Aspekte der Klage ein, sagt also nicht: „Du könntest doch noch dies und jenes an ihm kritisieren!", sondern berät den Angreifer, wie er seine Klage vorbringen kann, damit der Streit fair bleibt. Er mißt die Vorschläge des Angreifers an den Richtlinien für faires Streiten und hilft ihm zu einer möglichst klaren Formulierung. Er sagt z.B.: „Wenn du sagst: Dein ewiges Zu-spät-Kommen geht allen auf die Nerven! — dann machst du dich zum Sprecher der Gruppe, statt die Verantwortung selbst zu übernehmen (Punkt 3 der Richtlinien). Sag lieber: Mich regt es jedesmal auf, wenn wir gerade begonnen haben, und du platzt herein und störst das Gespräch!"

(4) Mitteilung der Klage

Der Angreifer weiß jetzt, was er sagen will. Er wendet sich an seinen Streitpartner und trägt ihm die Klage vor. Dies tut er auch dann, wenn der Partner das Beratungsgespräch mit angehört hat, damit deutlich wird: Was ich dir jetzt sage, das soll gelten. (Es schadet nichts, wenn beide Partner auch die Beratungen mithören. Nur wenn sich der Angreifer darüber im Zweifel ist, ob seine Klage bei dem Angegriffenen als „Tiefschlag" ankommen könnte (Punkt 6 der Richtlinien), den er nicht verkraftet, sollte er die Beratung in Abwesenheit des Partners durchführen).

(5) Rückmeldung

Der Angegriffene nimmt noch nicht Stellung, sondern er wiederholt möglichst genau, was er vom Angreifer gehört hat. Dieser kann so überprüfen, ob der andere ihn richtig verstanden hat, und ihn, wenn nötig, korrigieren. Der Trainer achtet darauf, daß die Rückmeldung vollständig ist und nicht in eine Diskussion ausartet.

(9) Belohnung

Der Angegriffene hat eine Belohnung verdient, denn er hat sich der Klage gestellt, sie gehört und sogar mit eigenen Worten wiederholt. Der Angreifer bedankt sich bei ihm mit einer möglichst handgreiflichen Geste: Händedruck, Umarmung o.ä., oder auch mit Worten: „Danke, daß du mich angehörst hast!". Die Belohnung ist ein sehr wichtiges Element im Streitprozeß und sollte auf keinen Fall weggelassen werden.

Zweiter Akt: Der Wunsch

Zwischen den Kämpfern ist inzwischen geklärt, was den einen am andern stört. Nun geht es um die Beseitigung der Störung. Wie wünscht sich der Angreifer künftig das Verhalten seines Partners? Er führt dieses Anliegen in denselben fünf Schritten durch wie die Klage:

(7) Besinnung

Wieder versucht der Angreifer durch stilles oder lautes Denken sich selbst klar zu machen, was er sich von seinem Partner wünscht. Es genügt nicht, ihm zu sagen: Stell das künftig ab! Der Wunsch muß positiv und konkret überlegt werden.

(8) Beratung

Trainer und Angreifer beraten gemeinsam, wie der Wunsch am besten vorgetragen werden kann. Der Trainer hat wieder die Aufgabe, bei der Erarbeitung eines realistischen und akzeptablen Änderungsvorschlags behilflich zu sein.

(9) Mitteilung des Änderungswunsches

Der Angreifer redet seinen Streitpartner an und äußert den Änderungswunsch.

(10) Rückmeldung

Auch jetzt darf der Angegriffene noch nicht gleich Stellung nehmen. Er wiederholt so genau wie möglich den Wunsch des Angreifers. Diese Rückmeldung sagt noch nichts darüber aus, ob er mit dem Wunsch einverstanden ist oder nicht.

(11) Belohnung

Daraufhin wird er zum zweiten Mal vom Angreifer belohnt.

(12) Wechsel

Bisher war der Angreifer „am Ball". Er übergibt ihn nun dem Angegriffenen. Dies geschieht ausdrücklich in Form einer Frage: „Was hältst du von meinem Wunsch?" oder: „Hast du vor, es zu tun?". Damit beginnt der dritte Akt, in dem der Angegriffene aktiv wird.

Dritter Akt: Die Antwort

Wie der Angegriffene auf Klage und Wunsch reagiert, ist ganz ihm überlassen. Er kann die gewünschte Änderung versprechen, er kann sie aber auch ablehnen oder unter bestimmten Bedingungen zusagen. Mit Bedingungen ist nicht ein Handel gemeint, der völlig neue Klagepunkte mit ins Spiel bringt („Wenn du künftig damit aufhörst, mit anzupumpen, werde ich immer pünktlich sein!"), sondern eine Hilfe, die der Angegriffene braucht, um den Wunsch erfüllen zu können, also z.B. „Ich will gern versuchen, pünktlicher zu sein, aber vielleicht könntest du mich das nächste Mal anrufen, wenn du aus dem Haus gehst, und mich erinnern!"
Auch der Angegriffene bereitet sich durch Besinnung und Beratung auf seine Antwort vor:

(13) Besinnung

Der Angegriffene denkt über den Änderungswunsch nach. Kann ich und will ich mich ändern? Kann ich es in der Weise tun, wie der andere es sich wünscht, oder schaffe ich es unter anderen Bedingungen besser?

(14) Beratung

Auch bei der Antwort haben die Richtlinien für faires Streiten ihre Bedeutung. Es wäre z.B. unfair, den Angreifer, der sich große Mühe gegeben hat und auch persönlich einiges riskiert hat, kalt abblitzen zu lassen (vgl. Punkt 1 der Richtlinien). Der Trainer hilft dem Angegriffenen, offen und ehrlich auszusprechen, was ihm die Erfüllung des Wunsches schwer macht und wo er zu Änderungen bereit ist.

(15) Mitteilung der Antwort

Nun antwortet der Angegriffene auf Klage und Wunsch seines Partners und teilt ihm mit, ob und wie er auf seine Forderung eingehen kann.

(16) Rückmeldung

Der Angreifer wiederholt, was er gehört hat, so daß beide sicher sein können, daß die Antwort verstanden wurde.

(17) Belohnung

Beide belohnen sich gegenseitig durch handgreifliche Gesten oder Worte, denn jeder hat vom andern etwas empfangen. Diese „Belohnung" kann gleichzeitig zum Ausdruck bringen, daß der Angriff die Beziehung nicht zerstört, sondern geklärt und gefestigt hat. Übrigens hat auch der Trainer eine Belohnung verdient.

(19) Neue Verabredung

Es kann sein, daß einem der beiden Streiter ein weiterer Punkt für einen FAIREN STREIT in den Sinn gekommen ist, oder daß der Angegriffene auch einmal der Angreifer sein möchte. Dann verabreden die beiden am besten gleich einen neuen „Kampf" und einigen sich auf Ort, Zeit und Trainer.

3. Richtlinien für faires Streiten

Die folgenden 9 Punkte helfen zu einem fairen Streitstil, bei dieser Übung und überhaupt bei Auseinandersetzungen. Nach ihnen kann ein FAIRER STREIT durch die Beobachter bewertet werden, indem man für jeden Punkt ein Plus, ein Minus oder ein Unentschieden gibt, je nachdem, wie der Streit unter dem jeweiligen Aspekt gelaufen ist. Bewertet wird hierbei der Streitstil, also die Art, wie Streitpartner und Schiedsrichter mit den Aggressionen umgegangen sind.
Alle Beteiligten sollten diese Richtlinien von Anfang an kennen. Es geht also nicht darum, die Streiter ahnungslos Minuspunkte sammeln zu lassen, sondern sie sollen jede nur mögliche Hilfe zum fairen Austrag ihres Kampfes erhalten. (Diese Richtlinien sind inhaltlich entnommen aus Bach/Bernhard 100f und Bach/Wyden 168ff. Sie wurden in Formulierung und Anordnung leicht verändert.)

(1) Beteiligung: engagiert contra unbeteiligt

Dem fairen Streiter spürt man ernsthaftes Engagement ab. Ihm liegt etwas daran, eine Änderung herbeizuführen. „Foul" wäre gleichgültige Passivität: „Laß den mal reden, wenn ihm danach ist!"

(2) Ausdruck: offen contra verkappt

Es ist fair, dem Partner offen und klar mitzuteilen, was mich an ihm stört. Foul wäre es, „hinten herum" versteckte Spitzen anzubringen. Ein Kennzeichen offener Kommunikation ist die Übereinstimmung von verbaler und nichtverbaler Mitteilung. Der Gegensatz dazu wäre z.B., wenn einer mit freundlicher Mine und sanftem Ton seinem Partner verletzende Gemeinheiten sagt.

(3) Verantwortung: persönlich contra anonym

Fair ist es, bis in die Formulierung hinein deutlich zu machen, daß ich persönlich verantworte, was ich sage, und selbst dahinterstehe. Es hilft meinem Partner mehr, wenn ich ihm z.B. mitteile: „Wie du mich gestern angefahren hast, das hat mich verletzt", als wenn ich mich hinter anonymen Größen verberge und sage: „Man schreit einen Freund nicht an", oder: „Alle sagen es, daß du dich nicht beherrschen kannst!" oder, noch fouler: „Ich habe von jemandem gehört — ich kann dir nicht sagen, von wem — daß sich viele über dich ärgern".

(4) Humor: befreiendes Lachen contra Sarkasmus

Wenn beide gemeinsam über ihre Situation lachen können, haben sie eine schwierige Hürde genommen. Wenn einer sich über den anderen lustig macht und ihn durch zynische Witze demütigt, verdirbt er die Atmosphäre.

(5) Verständigung: Rückmeldung contra „Gedankenlesen"

Viele Menschen setzen merkwürdigerweise voraus, ihr Partner wüßte von selber, was in ihnen vorgeht, und sie wüßten genau darüber Bescheid, was der Partner denkt. Statt sich gegenseitig zu informieren und zu fragen, legen sie es einander als Bosheit aus, wenn einer am andern vorbeiredet und -handelt. Rückmeldungen, wie sie in unserer Übung planmäßig eingesetzt werden, sind deshalb für konstruktive Auseinandersetzungen unerläßlich. Wenn einer sagt: „Ich weiß genau, was du über mich denkst!" oder: „Du weißt doch genau, daß ich das nicht leiden kann!" — ohne daß er sich darüber vorher mit dem Partner verständigt hat, erhält er einen Minuspunkt. Präzise Rückmeldungen werden positiv beurteilt.

(6) Schlagrichtung: Beseitigung der Störung contra „Tiefschlag"

Ganz ohne Verletzungen geht es auch bei einem FAIREN STREIT nicht ab. Wenn ich den andern auf einen Fehler aufmerksam mache, muß ich ihm auch zumuten, daß es ihn schmerzt. Das Ziel eines fairen Streites ist aber die Beseitigung dessen, was zwischen ihm und seinem Partner steht. Unfaire Kämpfer wollen nicht in Ordnung bringen, sondern verletzen. Ich muß mir also überlegen, ob ich mit meinem Angriff dem Partner einen Tiefschlag versetze, der nur weh tut, aber nichts besser macht. Mein Angriff ist nur dann fair, wenn der Partner auch in der Lage ist, sich an dieser Stelle zu ändern. Ein völlig sinnloser Tiefschlag wäre es z.B., wenn einer einem jungen Mädchen klar macht, daß es ein häßliches Gesicht und eine wenig anziehende Figur hat. Darunter leidet sie sowieso und kann es nicht ändern.

(7) Konzentration: *Eine* Sache contra alles Mögliche

Wer sich auf einen einzigen Punkt beschränkt und diesen so konkret wie möglich beschreibt, streitet fair. Die meisten Streitereien scheitern daran, daß ein Gewirr von allen möglichen Vorwürfen durcheinandergemischt wird, so daß man selbst bei gutem Willen nicht mehr weiß, wo man mit einer Änderung ansetzen soll.

(8) Aktualität: Hier und jetzt contra „Museum"

Viele streitende Partner richten in ihrem Innern ein „Museum" der Verletzungen" ein, aus dem sie jederzeit Munition für fruchtlose Auseinandersetzungen holen können. Nun kann es gewiß weiterhelfen, wenn die beiden sich *einmal* zusammensetzen, um die belastenden Vorfälle der Vergangenheit durchzusprechen und ein für allemal auf die Seite zu räumen. Wenn aber immer wieder dieselben Dinge aus vergangenen Zeiten in den Streit einbezogen werden, kommt es zu keiner Lösung. Deshalb beschränken sich faire Streiter auf aktuelle Schwierigkeiten, die hier und jetzt bearbeitet werden können.

(9) Wirklichkeitsnähe: realistisch contra wirklichkeitsfremd

Klage und Änderungswunsch müssen sich auf reale Gegebenheiten beziehen und diese auch beim Namen nennen können. Wenn einer sagt: „Du bist manchmal so komisch" – aber nicht beschreiben kann, welches Verhalten er eigentlich meint, ist es kaum möglich, sinnvoll darüber zu streiten. Ebenso sollte der Angegriffene bei seiner Antwort die eigenen Möglichkeiten einer Änderung realistisch einschätzen und sich nicht damit begnügen, daß es „irgendwie schon gehen wird". Ein häufiger Ausdruck wirklichkeitsfremder Auseinandersetzung ist der Ausspruch junger Paare: „Hauptsache wir lieben uns!". Gemeint ist: Weil wir uns so sehr lieben, werden sich all unsere Konflikte von selbst lösen.

Das Angebot und die Einübung dieser Regeln für den Umgang mit unseren Aggressionen hat schon vielen Menschen geholfen, in Ehe und Partnerschaft, Gruppe und Arbeitsteam sinnvoller zusammenzuleben. Menschen, die es gelernt haben, ihre Aggressionen zu konstruktiver Auseinandersetzung zu nutzen, werden von da aus auch manche Regel des Neuen Testaments anders verstehen, z.B. das Wort „Eure Rede sei: Ja, Ja; nein, nein. Was darüber ist, das ist vom Übel" (Matth. 5, 37) aus der Praxis von Punkt 2, und die Verkündigung der Vergebung aus der Praxis von Punkt 8.
Der FAIRE STREIT setzt eine „Anti-Regel" gegen eine bei Jugendlichen und Erwachsenen weit verbreitete Regel. Man könnte sie nennen: „Sag's dem dritten!" Da hat A etwas gegen B. Er sagt B aber nichts davon, sondern redet mit C darüber. C wiederum erzählt B im Vertrauen, was A über ihn gesagt hat. B ärgert sich, sagt aber wiederum A nichts davon, sondern beklagt sich bei D. Über D erfährt A, daß C sein Vertrauen mißbraucht hat. A ärgert sich über C, sagt aber nichts zu C, sondern ... usw. usw. Ein „Spiel ohne Ende", ein Regelkreis, der sich endlos weiterdreht, ohne daß etwas Positives dabei herauskommt.
Die folgenden Spiele sollen dazu dienen, solche verhängnisvollen Regelkreise zu erkennen und nach Wegen zu suchen, sie zu durchbrechen.

IV./2. Entdeckung von Regelkreisen

12 Teufelskreis

Dieses Rollenspiel verläuft in einer Kette von improvisierten Kurzszenen, welche die wachsende Verstrickung eines Jugendlichen in kriminelle Delikte nachbildet: Ein Junge hat etwas „mitgehen lassen", ein „Freund" hat ihn dabei beobachtet, setzt ihn damit unter Druck und zwingt ihn zu schwerwiegenderen Straftaten, wodurch er ihn erneut und noch wirksamer unter Druck setzen kann usw. Es entsteht die bekannte Abhängigkeit zwischen Erpresser und Erpreßtem, deren verhängnisvolle Dynamik sich von Straftat zu Straftat und von Erpressung zu Erpressung steigert. Dabei wird es immer schwieriger, aus dem Teufelskreis auszubrechen. Man könnte das Problem schematisch so darstellen:

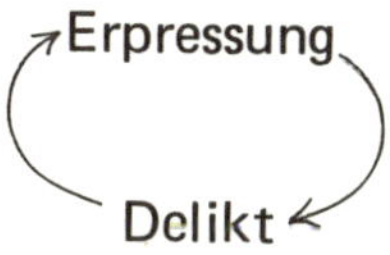

Das Spiel zielt darauf ab, auf diesen „Regelkreis" aufmerksam zu werden und Möglichkeiten des Ausbruchs zu suchen.

Die Rollen

Dieter, 16 Jahre, KFZ-Lehrling, ist die Zentralfigur des Spiels. Er war schon immer viel auf sich selbst angewiesen, da beide Eltern arbeiten und sich meist nur dann um ihn kümmern, wenn er etwas „ausgefressen" hat. Kurz vor Abschluß der Hauptschule hat er die Schaufensterscheibe eines Elektrogeschäfts eingeschmissen. Der Besitzer, Herr Wittke, hat sofort Anzeige erstattet, der Vater hat ihn verprügelt, die Mutter hat drei Wochen lang kein Wort mehr mit ihm gesprochen. Um den Schaden abzuzahlen, bekam er von da an kein Taschengeld mehr, und er muß bis heute auch seinen Lehrlingslohn vollständig zuhause abliefern. — Vor einigen Tagen kaufte er in Wittkes Geschäft für seine Eltern Glühbirnen ein. Bei dieser Gelegenheit ließ er eine Schallplatte „mitgehen". Er weiß noch nicht, daß Robert ihn dabei beobachtet hat.

Die Eltern: Dieters Vater ist Maurer, ein überstrenger und jähzorniger Mann. Die Mutter arbeitet am Fließband, sie ist meistens müde und mürrisch. Die Eltern wissen nichts von der gestohlenen Schallplatte. Solange sie davon nichts erfahren, ist ihre Aufgabe im Spiel, beim gemeinsamen Abendessen die ungemütliche und niederdrückende Atmosphäre darzustellen, die es Dieter sehr schwer macht, mit ihnen über sein Problem zu reden.

Robert, 19 Jahre, hat schon mehrere Straftaten hinter sich, ist aber noch nie erwischt worden. Er hat zufällig durchs Schaufenster gesehen, wie Dieter die Schallplatte mitgenommen hat. Seine Spielaufgabe ist, Dieter zu immer schwerwiegenderen Delikten zu erpressen, bei denen *er* den Hauptgewinn einstreicht.

Herr Wittke ist der Besitzer des Elektrogeschäftes. Die eingeschlagene Scheibe hat er Dieter noch nicht verziehen. Er ist überhaupt auf die „Jugend von heute" schlecht zu sprechen. – Je nach Verlauf des Spieles muß Herr Wittke u.U. gar nicht in Aktion treten. Um zu verhindern, daß ein Spieler die Rolle übernimmt und dann gar nicht zum Zuge kommt, kann der Spielleiter mit dieser Rollenbesetzung warten, bis einer im Spiel mit Herrn Wittke sprechen will. Dann kann einer aus der Gruppe kurzfristig in diese Rolle einsteigen.

Die Freunde: Um alle am Spiel zu beteiligen und aktiv an Dieters Entscheidungen mitwirken zu lassen, spielt die ganze übrige Gruppe die Freunde, auf die sich Dieter verlassen und denen er seine Schwierigkeiten anvertrauen kann.

Der Spielleiter ist bei diesem Spiel stärker an der Gestaltung beteiligt als bei anderen Spielen. Er sagt die einzelnen Szenen an, klärt mit der Gruppe zwischen zwei Szenen, was inzwischen geschehen ist, und läßt eine Szene noch einmal mit anderem Ausgang spielen, wenn Dieter sehr schnell aus dem Teufelskreis ausgebrochen ist. Er sagt etwa: „Diese Lösung gefällt uns offenbar sehr gut. Viele Jugendliche in Dieters Lage schaffen sie aber nicht. Wir wollen deshalb sehen, wie die Geschichte weitergeht, wenn Dieter nicht so vernünftig handelt."

Das Spiel läuft nach dem Schema des Erpressungs-Regelkreises ab, wobei in jeder Runde noch zwei Situationen eingeschaltet werden: Das Abendessen mit den Eltern, dessen tristes Klima die Ausweglosigkeit verstärkt, und das Gespräch mit den Freunden, wo Dieter seine Gedanken aussprechen kann und Entscheidungshilfen bekommt. Der Regelkreis durchläuft im Spiel also vier Stationen:

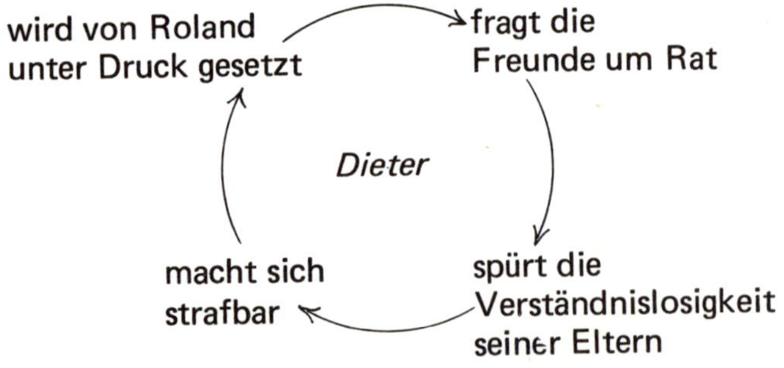

(1) Vorgeschichte: Der Spielleiter schildert Dieters Situation und erzählt, wie er die Schallplatte aus Wittkes Geschäft entwendet hat.

(2) Robert spricht mit Dieter: Er habe ihn beobachtet, wie er die Schallplatte mitgenommen habe, er finde das auch ganz in Ordnung und werde niemandem etwas erzählen. Er wolle nur Dieter um einen Gefallen bitten: Er solle ihm ein Moped neu lackieren, in einer anderen Farbe. Aus Roberts Andeutungen kann man heraushören, daß das Moped gestohlen ist und unkenntlich gemacht werden muß. Auch läßt er durchblicken, daß er ja nicht unbedingt schweigen müsse, falls Dieter ihm den Gefallen nicht tun sollte.

(3) Dieter erzählt den Vorfall seinen Freunden und fragt sie um Rat. Die Gruppe bespricht das Problem, nimmt Dieter aber die Entscheidung nicht ab. Nicht die Gruppe beschließt, wie das Spiel weiterzugehen hat, sie macht nur Vorschläge, und Dieter muß weiterspielen, wie er selbst kann und will.
An dieser Stelle kann Dieter zum ersten Mal versuchen, aus dem Teufelskreis auszusteigen, z.B. mit seinen Eltern oder mit Wittke oder mit der Polizei zu sprechen. Wählt er diesen Weg, so läßt der Spielleiter zunächst so weiterspielen, um zu sehen, wie es Dieter dabei ergeht. Anschließend schlägt er vor, noch einmal an diesem Punkt einzusetzen und so fortzufahren, daß Dieter Roberts Forderung erfüllt.

(4) Abendessen zuhause. Die Eltern sind schlechter Laune. Dieter hätte es sehr schwer, sein Problem zur Sprache zu bringen, selbst wenn er es wollte.

(5) Dieter lackiert das Moped. Diese Szene kann man schlecht spielen. Darum erzählt Dieter, was er tut. Der Spielleiter hilft ihm, sich das Geschehen möglichst plastisch vorzustellen, indem er ihn fragt: Was tust du jetzt? Wie fängt du es an? Was für Gedanken gehen dir dabei durch den Kopf? Usw.

(6) Robert spricht wieder mit Dieter. Er gibt ihm Geld für die geleistete Arbeit, lobt ihn („Ich wußte ja, daß man mit dir was anfangen kann!"), und hat wieder eine „gute Idee": Er will einen Automaten ausräumen und braucht nur noch einen, der ihm Schmiere steht. Wenn Dieter zögert, droht er wieder damit, die Geschichte mit der Schallplatte zu verraten. Ihn selbst kann Dieter nicht mit der gleichen Waffe angreifen, da das Moped längst verschwunden ist und niemand den Diebstahl nachweisen kann.

(7) Gespräch mit den Freunden. Durchführung wie 3.

(8) Abendessen zuhause. Wie 4.

(9) Dieter steht beim Automatenknacken Schmiere. Durchführung wie 5.

(10) Robert spricht zum dritten Mal mit Dieter. Er soll ein Moped beiseite schaffen, während Robert dafür sorgt, daß der Besitzer abgelenkt ist. Robert stellt ihm diese Tat als Mutprobe hin: „Wenn du das schaffst, dann kannst du wirklich was!" Wenn Dieter sich weigert, droht er: „Du steckst schon zu tief drin. Du kannst nicht mehr aussteigen!"

Die weiteren Szenen folgen nach demselben Schema: Gespräch mit den Freunden, Abendessen mit den Eltern, Straftat, neue Erpressung usw. Robert kann sich selbst ausdenken, in welche Delikte er Dieter noch hineinziehen könnte. Wenn der Spielleiter den Eindruck hat, daß lange genug gespielt wurde, gibt der die Information ein, daß Robert von der Polizei geschnappt worden ist. Es folgt eine letzte Beratung Dieters mit seinen Freunden und eine letzte Entscheidung, ob er sich freiwillig stellt oder abwartet, bis Robert ihn verpfiffen hat.
Vor Beginn des Spieles muß mit den Hauptdarstellern die Aufgabe besprochen werden, die sie mit ihrer Rolle übernehmen. Wenn diese klar ist, sind der Fantasie bei der Gestaltung der Szenen keine Grenzen gesetzt. Wichtig ist vor allem, daß Robert gut vorbereitet ist. Es wird gut sein, wenn der Spielleiter mit ihm alleine durchspricht, wie er den Druck auf Dieter von Szene zu Szene steigert. Die anderen Rollen können öffentlich geklärt werden. Auch können bei allen Szenen die nicht beteiligten Spieler als Zuschauer anwesend sein.

Auswertung: Der Regelkreis der Kriminalität

Schon die Gespräche zwischen Dieter und seinen Freunden bilden ein Stück Zwischenauswertung. Sie machen sich Gedanken über Dieters Verhalten, d.h. sie metakommunizieren mit ihm. Bei der Schlußauswertung kann die ganze Gruppe noch einmal über diese Gespräche metakommunizieren, also die Frage aufwerfen, ob und wie der Rat der Freunde Dieter weitergeholfen hat. Daran können sich Überlegungen anschließen, wie man überhaupt solch einem Jugendlichen aus dem Teufelskreis helfen kann.
Um hier eine Antwort zu finden, muß aber zunächst die beängsti-

gende Dynamik dieses Regelkreises deutlich geworden sein. Das ist das Hauptziel dieses Spieles und der Auswertung.
Gewöhnlich stellt man bei dem Problem der Kriminalität die Schuldfrage. Dieter wird sagen: Robert ist schuld. Er hat mich erpreßt. Robert wird sagen: Dieter ist selbst schuld. Warum hat er sich erpressen lassen? Andere werden sagen: Schuld sind im Grunde Dieters Eltern. Hätten sie sich mehr um ihn gekümmert! Und vielleicht einigt man sich darauf, daß alle einen Teil der Schuld tragen. All diese Antworten mögen richtig sein. Sie treffen aber noch nicht den Kern des Problems. Was sich hier abspielt, ist mehr als die Summe von Einzelverschuldungen. Es kommt eine Bewegung in Gang, an der alle Beteiligten aktiv mitwirken, aber von der sie zugleich mit steigender Kraft getrieben werden. Dieter hat Angst, verraten zu werden. Darum tut er, was Robert verlangt. Aber gerade dadurch muß seine Angst noch größer werden. Auch der Erpresser wird immer mehr von der Kreisdynamik erfaßt. Nachdem Dieter das erste Mal nachgegeben hat, lockt es ihn natürlich umso mehr, ihn ein zweites und drittes Mal unter Druck zu setzen. Dazu treibt ihn auch in steigendem Maß die Angst, Dieter könnte aussteigen und ihn der Polizei ausliefern. Er muß ihn also weiterhin kontrollieren und ihn soweit bringen, daß er selbst vor dem Gang zur Polizei immer mehr Angst bekommt. Dies zu durchschauen und anhand der Spielszenen zu verfolgen, ist die Aufgabe der Auswertung. Es könnte dabei das Verständnis für Menschen wachsen, die in kriminelle Delikte verstrickt sind, was durch die Frage nach der Schuld allein nur unbefriedigend gelingt. Es könnte auch deutlich werden, daß die einzige Lösung darin besteht, möglichst bald den Ausbruch aus dem Teufelskreis zu riskieren, was allerdings zunächst einem schmerzhaften Zusammenbruch aller Selbstschutzmaßnahmen gleichkommt.
Man kann von hier aus allgemeiner über das Thema Kriminalität weiterarbeiten. Dabei ist ja nicht immer Erpressung im Spiel. Trotzdem haben wir es in den meisten Fällen mit Teufelskreisen zu tun. Sie zu entdecken, wird der Gruppe nicht schwer fallen. Statt der Angst vor Verrat kann z.B. auch die Sehnsucht nach Freunden die treibende Kraft bilden. Ein Jugendlicher verträgt sich nicht mehr mit seinen Eltern. Er schließt sich Freunden an, die ganz anders sind, als die Eltern sie gern hätten. Die Eltern wollen ihn aus berechtigter Sorge von den zweifelhaften Freunden losreißen. Diese Versuche verschlechtern das Verhältnis zwischen Eltern und Sohn und vertiefen seine Bindung an die Freunde. Er macht alles mit, was sie anstellen, nur um einer der ihren zu sein. Die erste Straftat

 treibt die Eltern dazu, mit noch schärferen Maßnahmen zu versuchen, den Sohn von den Freunden wegzubringen. Dies hat aber zur Folge, daß er nun erst recht zu diesen hält usw.

Oder: Einer wird bei einem Diebstahl erwischt. Er wird verurteilt und kommt ins Gefängnis. Dort lernt er „schwerere Burschen" kennen. Nach seiner Entlassung fühlt er sich am Arbeitsplatz und bei seinen Nachbarn abgestempelt. Er sucht Verbindung mit seinen Schicksalsgenossen aus dem Gefängnis. Die nächste Straftat, Verurteilung und Gefängnisstrafe verstärken seine Außenseiterstellung in der Gesellschaft. Auch verlernt er in der Strafanstalt, sein Leben eigenständig zu planen und ein Leben in Freiheit sinnvoll zu gestalten. Der Teufelskreis dreht sich weiter.

Oder: Viele Verbrecher sind bereits in einem Milieu aufgewachsen, das ihnen keine Möglichkeit bot, ein Gewissen im Sinn der „anständigen Gesellschaft" zu entwickeln. Wenn ihnen ein Einbruch gelingt, werden sie darin bestärkt, den nächsten Einbruch zu planen, denn er hat sich ja gelohnt; sie haben eine schwierige und riskante Aufgabe mit Erfolg gelöst. Werden sie gefaßt und bestraft, so werden sie ebenfalls darin bestärkt, den nächsten Einbruch umso sorgfältiger vorzubereiten und durchzuführen, schon deshalb, weil sie sich von der Gesellschaft, die ihnen die Freiheit entzogen hat, nicht klein kriegen lassen wollen. Hier tun sich Probleme auf, die wohl auch mit einer Reform des Strafvollzugs nicht lösbar sind, so sehr diese befürwortet werden muß. Auch der sinnvollste Strafvollzug wird nicht dagegen gefeit sein, den Teufelskreis der Kriminalität zu verstärken, statt ihn zu zerschlagen. Eine Alternative wäre jenseits von Gesetz und Strafe zu suchen.

Andere Regelkreise

Wenn man einen Regelkreis entdeckt hat, so bedeutet das meistens noch nicht, daß man auch schon einen Weg gefunden hat, ihn zu durchbrechen. Viele Regelkreise sind uns längst geläufig, aber wir finden trotz aller Bemühungen nicht heraus. Man denke nur an die Lohn-Preis-Spirale, die die Geldentwertung vorantreibt: Höhere Preise veranlassen die arbeitende Bevölkerung zu höheren Lohnforderungen, und höhere Löhne veranlassen die Unternehmer, die Preise heraufzusetzen. Oder man denke an den Teufelskreis der Entwicklungsländer: Weil keine Industrie da ist, fehlen die Mittel, um Schulen und Ausbildungsstätten einzurichten, und weil es an Ausbildungsstätten fehlt, können die Leute nicht befähigt werden, die Industrie aufzubauen.

Trotz der Schwierigkeiten, gegen die Dynamik eines Regelkreises wirksam anzukämpfen, ist aber die Aufgabe sinnvoll, wenigstens die Zusammenhänge zu erforschen. Auch wenn wir vorläufig keine Lösung finden, sehen wir doch wenigstens, wie der Regelkreis in Bewegung gehalten wird und wie wir u.U. selbst daran beteiligt sind. So können wir kurzschlüssige Lösungen vermeiden, die nur eine Station innerhalb des Kreises sind und nicht aus ihm herausführen.
Von dem Spiel TEUFELSKREIS aus kann sich eine Gruppe auf die Suche nach weiteren Regelkreisen machen. Sie kann sich darin üben, diese auch in aktuellen Konfliktsituationen zu erkennen und anzugehen. Zur Anregung seien hier einige Beispiele genannt:

Der Ehemann hat ein Hobby, auf das er viel Zeit verwendet. Die Ehefrau beklagt sich, daß ihm das Hobby wichtiger sei als die Familie. Er beklagt sich, daß sie kein Verständnis für sein Hobby aufbringt. Je mehr sie sich beklagt, desto weniger fühlt er sich verstanden, desto mehr Zeit verbringt er mit seinem Hobby, desto mehr beklagt sich die Frau ...

Eine Schulklasse opponiert gegen ihren Lehrer. Der Lehrer wird ärgerlich und weist die Schüler zurecht. Je mehr er sie zurechtweist, desto stärker wird die Opposition, desto ärgerlicher wird der Lehrer ...

Ein Alkoholiker trinkt, um seine niederdrückenden Gefühle loszuwerden. Am andern Tag macht er sich selbst Vorwürfe, hält das Gefühl, schon wieder getrunken zu haben, nicht aus, greift zur Flasche, um sich davon zu befreien ...

Ein psychotisch Kranker entfremdet sich seiner Umgebung. Man bringt ihn in eine Heilanstalt vor den Toren der Stadt. Dort können ihm die Ärzte helfen. Nach seiner Entlassung ist er bei seinen Leuten abgestempelt: Der war in der Heilanstalt! Man behandelt ihn als Andersartigen, entweder durch Verachtung oder durch Mitleid. Die Entfremdung wächst wieder und damit seine Krankheit ...

Diese knappen Beispiele können natürlich nur oberflächlich andeuten, wie sich Menschen mit ihren Problemen im Kreis drehen. Der konkrete Fall ist immer wesentlich komplexer. Es geht hier nur darum, auf die Funktion von Regelkreisen aufmerksam zu machen, damit man sie dann beim konkreten Problem bis in die Einzelheiten hinein verfolgen kann.
Joachim Ringelnatz hat den tragikomischen Regelkreis einer Familie in einem Gedicht geschildert, das in unvergleichlicher Weise die

triste Ausweglosigkeit solch einer Situation zum Ausdruck bringt:

Wenn ich in die Stube speie,
lacht mein Bruder wie ein Schwein.
Wenn er lacht, haut ihn die Schwester.
Wenn sie haut, weint Mütterlein.

Wenn sie weint, muß Vater fluchen,
wenn er flucht, trinkt Tante Wein.
Wenn sie Wein trinkt, krieg' ich Kuchen,
und dann muß ich in die Stube spein ...[1]

Gesetz und Evangelium

Im 7. Kapitel des Römerbriefes beschreibt Paulus den tödlichen Regelkreis von Gesetz und Sünde: „Ich aber lebte vormals ohne Gesetz; als aber das Gebot kam, ward die Sünde lebendig, ich aber starb; und es fand sich, daß das Gebot mir zum Tode gereichte, das mir doch zum Leben gegeben war. Denn die Sünde nahm Anlaß am Gebot und betrog mich und tötete mich durch dasselbe Gebot" (V. 9–11). Das „Gesetz", dazu gegeben, um dem Menschen zu helfen, Gottes Willen zu tun, erreicht das Gegenteil: Es aktiviert die Sünde, die Rebellion gegen Gott, erst richtig. Je deutlicher das Gebot sich gegen sie stellt, desto stärker treibt es den Menschen in die Rebellion, und je stärker er rebelliert, desto eindeutiger hat er das Gesetz gegen sich, desto größer wird seine Angst vor der tödlichen Verurteilung. Er versucht, dem Gesetz Folge zu leisten, spürt aber je länger je mehr strafende Abweisung, was ihn noch tiefer in die Rebellion drängt und damit in die Angst und in erneute Versuche, das Gesetz doch noch zu erfüllen...

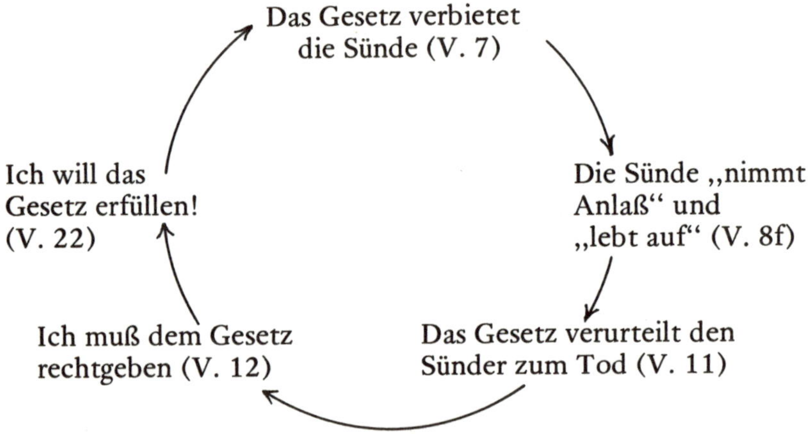

[1] Joachim Ringelnatz, Aus meiner Kindheit, in: Und auf einmal steht es neben dir. Gesammelte Gedichte, Hensel-Verlag, Berlin, S. 170

Die Ausweglosigkeit dieses endlosen Kreislaufs drückt Paulus so aus: „Denn ich tue nicht, was ich will; sondern was ich hasse, das tue ich“ (V. 16). Ich erreiche das Gegenteil von dem, was ich erreichen möchte. Je mehr ich mich um eine Lösung bemühe, desto auswegloser wird meine Lage. Diese Erfahrung macht jeder, der in einen Teufelskreis verstrickt ist. Der Erpreßte will die Angst vor Entdeckung und Strafe loswerden und erreicht, daß er noch mehr Angst haben muß. Der Alkoholiker will seine tristen Gedanken loswerden und erreicht, daß sie verstärkt wiederkommen. Die Ehefrau möchte ihren Mann dazu bewegen, daß er sich mehr um sie kümmert, und sie erreicht, daß er sich noch stärker auf sein Hobby zurückzieht. Alle Lösungsversuche, die innerhalb des Regelkreises bleiben, verstärken seine Dynamik und machen es noch schwieriger, aus ihm auszusteigen. In der Sprache des Paulus: Ich bin „gefangen in der Sünde Gesetz“ (V. 23).

Paulus kann diese Gefangenschaft im Regelkreis des Gesetzes deshalb so deutlich beschreiben, weil sie hinter ihm liegt. Christus hat sein Regelsystem zerstört und ihm die Alternative ermöglicht: „Denn das Gesetz des Geistes, der da lebendig macht in Christus Jesus, hat mich frei gemacht von dem Gesetz der Sünde und des Todes (Römer 8, 2). Offenbar bezeichnet er in bewußter Parallele das neue Leben ebenfalls als „Gesetz“, obwohl er sonst diesen Begriff nicht zur Kennzeichnung der Freiheit verwendet. Wir könnten also frei übersetzen: Der Regelkreis, der vom Geist Christi getrieben wird und zum Leben führt, hat mich frei gemacht vom Regelkreis von Gesetz und Sünde, der zum Tod führt. Es gibt nicht nur den Teufelskreis, der das Leben versklavt und zerstört, sondern auch den Regelkreis des Evangeliums, in dem freies und sinnvolles Leben mehr und mehr wachsen kann. Er verläuft, in den Worten von Römer 8 ausgedrückt, etwas so:

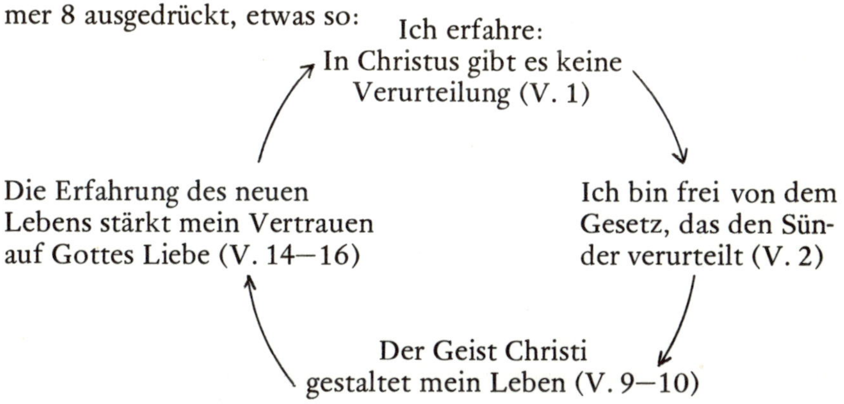

Die treibende Kraft dieses neuen Regelkreises ist der „Geist Christi" (V. 9) oder der „Geist des Lebens in Christus Jesus" (V. 2), also die Kraft, die Jesu Leben bestimmt hat und nun zur eigenen Lebenserfahrung der Glaubenden wird. Christus hat den Regelkreis der Sünde an der Stelle durchbrochen, an der das strafende Gesetz den Menschen verurteilte. Von dort aus waren die Bemühungen des Menschen von der Angst bestimmt. Christus setzte an die Stelle des Todesurteils die Vergebung und die Solidarität mit dem Sünder. Von hier aus wird statt der Angst Vertrauen und statt Soll-Erfüllung freies, lebendiges Engagement möglich. Und die Erfahrung, nicht mehr unter Druck, sondern in Freiheit nach Gottes Willen leben zu können, verstärkt von neuem das Vertrauen auf die Güte Gottes, die nicht verurteilt, sondern lebendig macht.
Die Evangelien schildern das Leben Jesu bis hin zu seinem Tod und zu seiner Auferstehung als einen einzigen Feldzug gegen den Regelkreis von Schuld, Krankheit und Angst mit dem Ziel, ihn durch Praxis und Angebot der Solidarität Gottes zu durchbrechen und die Gefangenen zu befreien (Luk. 4, 18ff). Und die explosionsartige Ausbreitung des christlichen Glaubens nach Jesu Auferstehung demonstriert, wie aus dem Durchbruch ein Regelkreis des Vertrauens wurde, dessen Dynamik nicht mehr aufzuhalten war. Allerdings erkennen wir auch in der Kirchengeschichte immer wieder Rückfälle in den Regelkreis des Gesetzes, angefangen bei den Gegnern des Paulus (Galaterbrief) bis zu heutigen Verzerrungen des Evangeliums, bei denen die Angst vor dem Urteil Gottes das liebende Vertrauen verdrängt hat. Die Auseinandersetzung zwischen den beiden Regelkreisen hat seit fast 2000 Jahren nichts von ihrer Aktualität verloren, auch wenn viele unserer Zeitgenossen weniger in ihrer Beziehung zu Gott als im mitmenschlichen Bereich darum ringen.

Angst und Vertrauen

Die theologische Problematik von Gesetz und Evangelium hat ihre Entsprechung in jeder zwischenmenschlichen Beziehung, in der einer auf den andern angewiesen ist. Auch hier geht es darum, ob durch Angst neue Angst erzeugt wird, oder ob durch Vertrauen neues Vertrauen wachsen kann. Im ersten Fall entsteht ein Regelkreis der Angst, durch den *alle* Beteiligten verlieren, im zweiten Fall entsteht ein Regelkreis des Vertrauens, durch den *alle* Beteiligten gewinnen. In einem abstrakten Spielschema kann man die Situation so darstellen (frei nach Watzlawick 210):

		Partner B 1.	Partner B 2.
Partner A	1.	Beide verlieren	A schlägt B
Partner A	2.	B schlägt A	Beide gewinnen

Jeder Partner hat zwei Wahlmöglichkeiten. Wählt er 1, so riskiert er dem anderen Partner gegenüber nichts: Entweder er besiegt ihn (falls der andere 2 wählt), oder beide verlieren (wenn der andere 1 wählt). Wählt er dagegen 2, so riskiert er, daß er besiegt wird. Er hat aber die Chance, daß der Partner auch 2 wählt und beide gewinnen. Die Wahl 2 ist also ein Wagnis auf die Hoffnung hin, daß der andere den Vertrauensvorschuß nicht mißbraucht.
Nun wird sich sehr schnell zeigen, ob die beiden Partner sich mehr auf die Lösung 1 oder 2 zubewegen, denn auf die Dauer wird keiner einseitig Vertrauen anbieten, wenn der andere es nur dazu benutzt, um ihn zu schlagen. Es entscheidet sich also, ob die beiden sich in ihrer Angst oder in ihrem Vertrauen bestätigen, ob sie beide verlieren oder beide gewinnen. Hat sich der Regelkreis der Angst erst einmal eingespielt, so wird es immer schwieriger, auf den Regelkreis des Vertrauens umzusteigen.
Konkret: Bei einem ehelichen Streit gesteht die Frau, einen Fehler gemacht zu haben. Sie hofft darauf, daß der Mann dieses Entgegenkommen honoriert und vielleicht seinerseits Fehler zugibt, so daß die Auseinandersetzung sachlicher wird und zuletzt beide gewonnen haben. Sie riskiert aber, daß er ihr Eingeständnis als Munition gegen sie mißbraucht und sagt: „Da haben wir's! Sie gibt es selber zu!“ Nach so einer Erfahrung wird sie sich später hüten, Fehler zuzugeben, und beide werden konsequent die Schuld beim andern suchen. Der destruktive Kampf spielt sich ein und beide verlieren.
Oder: Eine Gruppe stagniert, weil keiner mit persönlichen Gesprächsbeiträgen herausrücken will. Man redet über allgemeine Dinge, die keinen recht interessieren, und alle sind unbefriedigt. Endlich gibt sich einer einen Ruck und erzählt etwas, was ihm persönlich zu schaffen macht. Sofort stürzt sich die ganze Gruppe auf ihn, quetscht ihn aus, beurteilt seine Lage, macht ihn zum „Patienten“ und sich selbst zum „Ärzteteam“. Der Betreffende fühlt sich recht allein und im Stich gelassen. Es hätte ihm geholfen, wenn wenigstens einer z.B. gesagt hätte: „So ähnlich geht es mir auch.“ So hätte sich aus dem Vertrauensvorschuß des einen Teilnehmers ein hilfreiches

persönliches Gespräch der ganzen Gruppe entwickeln können. Nachdem sich aber alle hinter der Rolle des überlegenen Helfers versteckt haben, wird er sich künftig hüten, ein persönliches Problem preiszugeben, und nicht nur er, sondern die andern auch. Alle haben verloren.
Ein Musterbeispiel für einen festgefahrenen Regelkreis der Angst ist das Rüstungswettrennen der Großmächte. Jede Seite befürchtet, von der Gegenseite besiegt zu werden und bemüht sich deshalb, stärker als diese zu sein. Beide wählen also nach unserem Schema die Möglichkeit 1, die Kriegsgefahr wird dadurch nicht kleiner, nur die Kosten auf beiden Seiten steigen und beide verlieren. Es bleibt abzuwarten, ob es den Abrüstungskonferenzen gelingen wird, mit der Angst fertigzuwerden und den Regelkreis wenigstens zurückzuschrauben.

Die beschriebene Problematik der zwei Regelkreise der Angst und des Vertrauens spielt in vielen menschlichen Beziehungen eine entscheidende Rolle. Glück oder Unglück einer Ehe, das Arbeitsklima in einem Team, die Kooperation in einer Gruppe, die Sachlichkeit der Auseinandersetzung zwischen politischen Parteien, die Freundschaft oder Feindschaft zwischen Völkern und Staaten – all das kann Ergebnis dieser Dynamik sein. Es lohnt sich deshalb, ihre Funktion zu kennen. Auch wenn man damit noch lange nicht alle entstandenen Probleme lösen kann, so wird man doch bessere Ansatzpunkte finden, sie gemeinsam mit allen Beteiligten zu verarbeiten. Das folgende Spiel bietet die Möglichkeit, die Entscheidung zwischen gemeinsamem Gewinnen und gemeinsamem Verlieren modellhaft durchzuspielen.

13 Schirokko

SCHIROKKO ist ein Brettspiel für zwei Personen. Wenn es in einer größeren Gruppe gespielt wird, empfiehlt es sich, zwei Parteien zu bilden, die je einen Spieler delegieren. So hat jeder Spieler seine Gruppe hinter sich und fühlt sich verpflichtet, das Beste für sie herauszuholen, auch wenn sie nur schweigend zuschaut. Besonders reizvoll ist es, wenn befreundete oder verheiratete Paare oder auch Geschwister miteinander SCHIROKKO spielen. Auch Kinder begreifen mühelos die Regeln und stellen oft durch ihre Kooperation das Zusammenspiel der Erwachsenen in den Schatten.
Man benötigt folgendes Material:

Das Spielbrett. Es stellt ein Stück Land dar und ist in 51 Felder aufgeteilt:

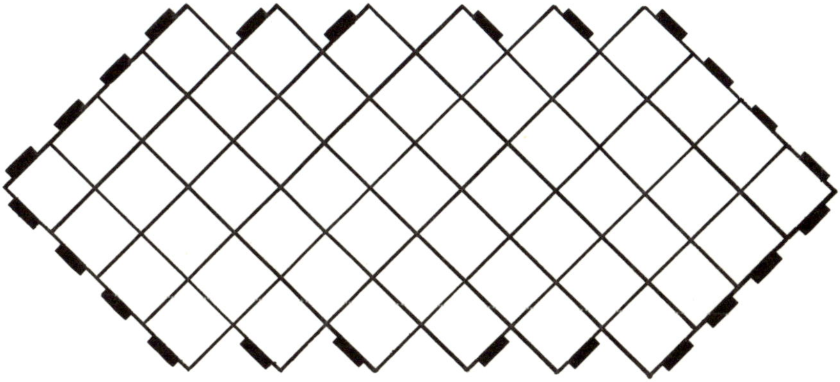

60 „Pflanzen" – grüne Spielfiguren wie beim „Mensch ärgere dich nicht". (Darstellung in den Abbildungen: ●)

60 „Wassermengen" – Ringscheiben aus Plastik oder Metall. Man erhält sie in Metallwarengeschäften als „Fitschenringe". Sie müssen so groß sein, daß man eine „Pflanze" in das Loch stellen kann. (Abbildung: ◯)

1 Würfel.

Zu Beginn hat jeder Spieler 9 Felder „kultiviertes Land", d.h. auf 18 Feldern liegt je eine Wassermenge und darin steht eine Pflanze. Das dazwischenliegende Land ist Wüste.

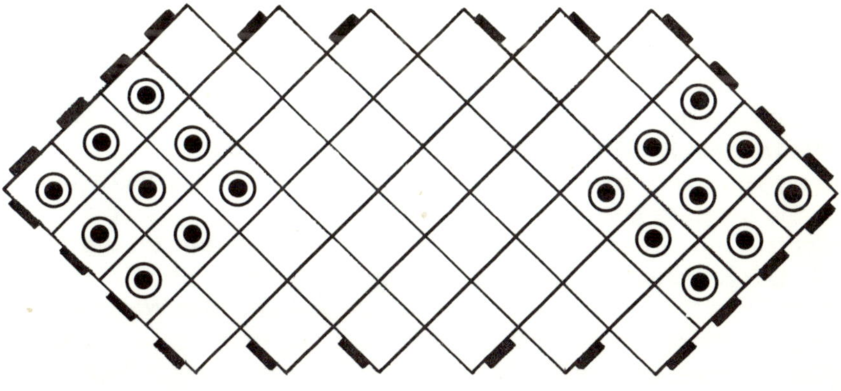

 Nun kann jeder Spieler versuchen, sein Land zu erweitern, indem er angrenzende Felder kultiviert. Ein Feld ist kultiviert, wenn es bepflanzt *und* bewässert ist, wenn also eine Pflanzenfigur *und* ein Wasserring vorhanden sind. Jedes kultivierte Feld gehört zu dem Land, an das es angrenzt, auch wenn es sich über die Mitte der Spielfläche erstreckt.
Die Schwierigkeit ist aber, daß Spieler A *nur* Wasser, und Spieler B *nur* Pflanzen zur Verfügung hat. Wir können uns die Situation etwa so vorstellen, daß im Hinterland von A zwar ein Fluß vom Gebirge kommt, aber nur felsige Landschaft vorhanden ist, während B fruchtbaren Boden hat, um Pflanzen zu ziehen, aber kein überschüssiges Wasser, um die Wüste zu bewässern.
Wie viel Wasser und wie viele Pflanzen zur Verfügung stehen, entscheidet der Würfel. Die Spieler würfeln abwechselnd und erhalten vom Spielleiter die entsprechende Anzahl Pflanzen bzw. Wasser.

Nehmen wir an, A beginnt und würfelt 5. Er bekommt 5 Wassermengen (Ringscheiben). Er kann nun mit seinem Wasser verschiedenes tun:

a) Er hebt es auf, d.h. er legt die Ringscheiben vor sich auf den Tisch.

b) Er bewässert Felder, die an sein Land angrenzen, d.h. er legt je eine Ringscheibe auf ein Feld.

c) Er bewässert Felder, die an das Land des andern angrenzen.

Er kann auch verschiedenes zugleich tun, z.B. zwei Teile aufheben, zwei an sein Land anlegen und eines an das Land des andern. Ebenso kann er später nach jedem Würfeln auch Wasser aus seinem Vorrat mit ins Spiel bringen.
Wenn sich A entschieden hat, was er mit seinem Wasser anfängt, kommt B an die Reihe. Er würfelt z.B. 3 und erhält 3 Pflanzen. Auch er kann die Pflanzen aufheben oder mit ihnen Felder bepflanzen, an seinem eigenen Land oder an dem des anderen. Wenn er ein Feld bepflanzt, das schon bewässert ist, wenn er also seine Pflanze in einen Wasserring stellt, hat er dieses kultiviert. Grenzt es an sein Land, so gehört es ihm. Grenzt es an das gegenüberliegende Land, so gehört es dem andern.
Wenn er ein bewässertes Feld *nicht* bepflanzt, verdunstet das Wasser. Der Spielleiter nimmt die Ringscheibe aus dem Spiel.
Jetzt würfelt wieder A und erhält die entsprechenden Wassermengen. Auch er kann nun Felder bewässern, auf denen schon eine Pflanze steht, und sie damit kultivieren. Wenn er bereits bepflanzte

Felder *nicht* bewässert, verdorren die Pflanzen und werden aus dem Spiel genommen.
Nun gibt es in der Wüste bekanntlich den Schirokko, den sengenden Wüstenwind, der alles Leben vernichtet, was nicht vor ihm geschützt ist. Der Schirokko kommt immer dann, wenn ein Spieler 6 würfelt. Er bläst natürlich zunächst alle unbewässerten Pflanzen und alles unbepflanzte Wasser hinweg. Aber außerdem macht er alle kultivierten Felder wieder zur Wüste, die nicht wenigstens von drei Seiten durch andere kultivierte Felder geschützt sind. Wasser und Pflanzen werden von diesen Feldern genommen, und zwar immer bei *beiden* Ländern. Als geschützt gelten auch die mit einem Balken gekennzeichneten Seiten der Felder am Rand des Spielbretts.
Zur Verdeutlichung sind auf der folgenden Abbildung die Felder durchkreuzt, die der Schirokko bei diesem Spielstand verwüsten würde. Die Pfeile weisen auf die ungeschützten Seiten.

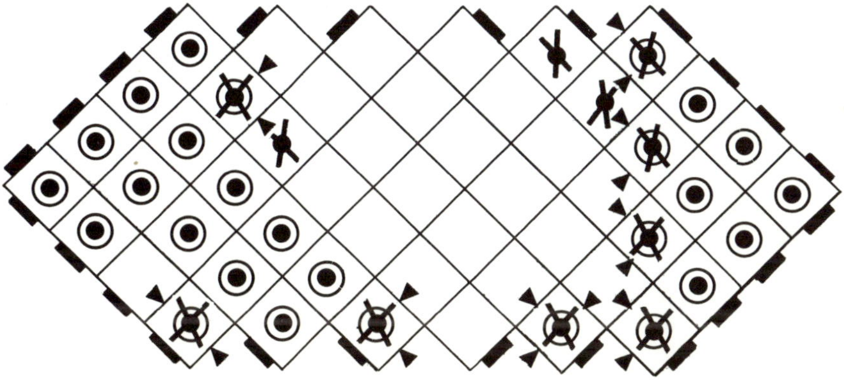

Wenn es den Spielern gelingt, ihr kultiviertes Land zu vergrößern, wird der Augenblick kommen, da die beiden Länder zusammenstoßen, d.h. ein Feld wird kultiviert, das gleichzeitig an beide Länder angrenzt. In diesem Fall hat der Spieler, der das Feld kultiviert, d.h. der das *zweite* Element hinzufügt, das Recht, eine Grenze zu ziehen. Er entscheidet, wem das neu kultivierte Feld gehören soll, indem er mit einem Streichholz o.ä. die Grenze markiert. Er kann es sich selbst zuteilen oder seinem Partner. Wenn er will, kann er auch ganz auf eine Grenze verzichten, dann hat der andere die Möglichkeit, eine Grenze zu setzen.

 Das Spiel kann auf verschiedene Weise zuende gehen. Entweder die ganze Wüste ist kultiviert. Beide haben also gewonnen, wenn auch der eine mehr als der andere hat. Oder der Schirokko hat ein Land total zerstört. Dann hat zwar einer sich länger gehalten als der andere, aber es nützt ihm nichts. Ohne die Hilfe seines Partners wird der Schirokko auch sein Land vernichten.
Da dieses Spiel einen typischen Kommunikationsprozeß darstellt, sollten die Spieler nur durch das Spiel selbst kommunizieren, also nicht miteinander reden, Abmachungen treffen oder Pläne erläutern. Sie haben bei der Auswertung Gelegenheit, alles loszuwerden, was sie während des Spiels am liebsten gesagt hätten.

Auswertung

Das Spiel SCHIROKKO bietet vielfältige Möglichkeiten, über sinnvolle Kommunikation zwischen Partnern und in Gruppen nachzudenken. Es ist gut, wenn der Gesprächsleiter einige Beispiele parat hat, an denen er die Parallele zum Spiel verdeutlichen kann. Die Gruppe wird daraufhin auch selbst weitere Beispiele finden und Bezüge herstellen. Hier einige Gesichtspunkte zur Auswertung:

(1) Ich bin auf den andern angewiesen.

Merkwürdigerweise kommt vielen Spielern dieses Aha-Erlebnis erst nach vielen vergeblichen Versuchen, ihr Land im Alleingang zu kultivieren, so wie auch viele einfach nicht darauf kommen, daß aus einer Gemeinschaft nichts wird, wenn nicht jeder auch für den andern mitverantwortlich ist.

(2) Das Gewinnenwollen hilft uns nicht weiter.

Ehepaare kämpfen oft darum, wer recht hat, wer das letzte Wort behält, wer seinen Willen durchsetzt, oder, mit verfeinerter Taktik, wer dem anderen das schlechtere Gewissen macht. Für das Zusammenleben gewinnt keiner etwas, auch wenn er das Gefühl hat, der Bessere oder der Stärkere zu sein.

(3) Ich muß etwas riskieren, wenn Vertrauen wachsen soll.

Wenn Spieler A die Felder von Spieler B bewässert, hat er keine Garantie dafür, daß dieser ihm auch seine Felder bepflanzt. Aber ohne dieses Risiko wird die Wüste nicht kleiner. Ein Beispiel: Ein junger Mann lädt ein Mädchen zu einer Autofahrt ein. Er will ihr durch überhöhtes Tempo imponieren, obwohl er lieber langsamer fahren würde. Sie hat schreckliche Angst wegen der Geschwindigkeit, geniert sich aber, ihn um langsameres Fahren zu bitten. Keiner riskiert es, seine wirkliche Einstellung zu sagen. Bei der nächsten Einladung lehnt sie mit einer Ausrede ab.

(4) Es kann nicht immer derselbe den Anfang machen.

Spieler A bringt immer alle Wassermengen, die er bekommt, sofort ins Spiel, und zwar gleichmäßig auf beide Seiten. Spieler B pflanzt nur auf bereits bewässerte Felder. Die Folge ist, daß bei jedem Schirokko A alles verliert, während B immer Pflanzen auf Vorrat hat. Dieser Vorrat nützt ihm aber nichts, weil er ihn nur verwenden kann, wenn B Pflanzen hat. – In manchen Familien muß immer derselbe den Anfang machen, damit eine Aussprache über kritische Punkte herbeigeführt wird. Auch wenn die Aussprachen selbst erfolgreich verlaufen, wird der Betreffende eines Tages nicht mehr können, wenn immer nur er es ist, der den Anstoß gibt.

(5) Wir schaffen es besser miteinander, wenn jeder einen Vorrat hat.

Wenn jeder alles, was er hat, sofort ins Spiel setzt, bleibt es nicht aus, daß Verluste entstehen. A hat z.B. 5 Felder bewässert, B würfelt 2. 3 Felder vertrocknen. Wenn sich dagegen jeder einen kleinen Vorrat sammelt, kann er besser auf das Angebot des andern eingehen. Ebenso lassen sich Probleme zwischen Partnern besser lösen, wenn beide auch etwas für sich haben und auf Kraftreserven zurückgreifen können, wenn es nötig ist. Es ist nicht immer der beste Weg, alle Probleme sofort und unter Einsatz aller Kräfte zu lösen. Partner, die sich einander völlig ausliefern, werden bald die Grenze ihrer Möglichkeiten zu spüren bekommen.

(6) Schwierigkeiten von außen können die Kooperation fördern.

Oft fangen die Spieler in dem Augenblick zu kooperieren an, wenn der Schirokko von ihrem Land nur noch drei Felder übrig gelassen hat. Ähnliches kann man bei Paaren und Gruppen beobachten: Belastungen von außen lassen sie die alten Machtkämpfe vergessen. Die Frage ist, ob man so lange warten soll.

(7) Zur Partnerschaft braucht man nicht nur guten Willen, sondern auch Geschick.

Manche Spieler kommen deshalb so langsam voran, weil sie dem Schirokko unnötig viele Angriffsflächen bieten. Sie könnten längst am Ziel sein, wenn sie ihre Länder z.B. keilförmig vorangetrieben hätten, so daß immer nur ein Feld von zwei Seiten ungeschützt ist.

 Entsprechend gehen manche Partner bei bester Absicht sehr ungeschickt vor. Der Ehemann beginnt mit seiner Frau über ein äußerst schwieriges Problem zu sprechen – fünf Minuten bevor die Partygäste wie ein Wüstenwind hereinbrechen und den gut gemeinten Ansatz zerstören. Oder die Frau beginnt ausgerechnet an dem Abend über ihre Sorgen zu sprechen, an dem der Mann einen üblen Krach mit seinem Chef hinter sich hat.

(8) Zur Partnerschaft braucht man offene Augen.

Gelegentlich kommt es vor, daß Spieler A glatt übersieht, daß Spieler B inzwischen einige Felder bepflanzt hat, die noch Wasser brauchen. Er hat zwar vor, gemeinsame Sache zu machen, aber er verdirbt sich das Vertrauen des Partners, weil er nicht genau hingesehen hat. In der realen Situation kommt erschwerend hinzu, daß manche Menschen ihre Wünsche und Schwierigkeiten nur sehr zurückhaltend und unauffällig äußern können, so daß man sie leicht übersehen und überhören kann.

(9) Wir sind glücklich, daß wir beide gewonnen haben.

Die beiden Länder sind zusammengewachsen. Keine Wüste ist mehr zwischen uns. Der Schirokko hat keine Angriffsfläche mehr. Wir haben beide gewonnen, und der kleine Unterschied stört uns nicht. Diese Erfahrung ermutigt uns, auch künftig den spannungsreichen Weg bis zum Ziel zu gehen. Das Risiko des Vertrauensvorschusses, die harten Erfahrungen mit unserer Dickköpfigkeit, unserer Angst vor Enttäuschung und unserem Ärger haben sich gelohnt. Dies alles wird sich auch künftig lohnen.

■

Nach diesem symbolischen Spiel, das die allgemeine Dynamik von Angst und Vertrauen abbildet, soll noch ein situationsbezogenes Rollenspiel beschrieben werden, bei dem dieselbe Dynamik konkret durchprobiert wird. Es geht um die Entscheidung zwischen Angst vor Blamage und klärender Offenheit, zwischen unfruchtbarem Mißverstehen und Mitteilung der eigenen Gefühle. PARTYGEFLÜSTER könnte die Vorlage für eine Boulevard-Komödie sein, und fantasiebegabte Spieler werden dabei Heiterkeitserfolge erzielen. Kaum ein Lustspiel kommt ohne die Verwicklungen und Mißverständnisse aus, die aus unklarer Kommunikation erwachsen. Man sollte aber nicht vergessen, daß daraus auch Tragödien werden können, nicht nur im Theater, sondern auch und gerade im Alltag. PARTYGEFLÜSTER erfordert die Fähigkeit, sich in eine Situation einzufühlen und danach frei zu improvisieren. Man sollte es deshalb mit älteren Jugendlichen oder Erwachsenen spielen, die schon etwas Erfahrung mit Rollenspielen mitbringen.

Partygeflüster

14

Bei einer Party sitzen zwei junge Männer und zwei Mädchen an einem Tisch. Je zwei sind ineinander verliebt, aber keiner weiß es vom andern. Durch einen dummen Zufall haben die beiden Männer jeweils die heimliche Liebe des andern eingeladen. Werden sie es fertigbringen, einander ihre wahren Gefühle zu sagen? Die Zeit drängt, da zwei Playboys sich daran machen, ihnen die Mädchen auszuspannen.
Natürlich werden die Spieler über diese Zusammenhänge nicht aufgeklärt. Jeder erhält lediglich seine Rollenanweisung:

Lutz

Du bist in Marion verliebt, aber sie weiß noch nichts davon. Du wolltest deshalb mit ihr in engeren Kontakt kommen und hast sie letzten Montag zur Freitagsparty eingeladen. Leider hat sie abgelehnt: Sie bekäme am Freitag Besuch und könnte deshalb nicht mitkommen.
Da du nicht allein zur Party gehen wolltest, hast du dann am Dienstag Marions Freundin Adelheid eingeladen.
Wie ihr beide zur Party kommt, siehst du, daß Marion doch da ist, und zwar mit deinem Freund Kai. Offenbar war das mit dem Besuch eine Ausrede. Ihr setzt euch zu Kai und Marion und unterhaltet euch.

Kai

Du bist in Adelheid verliebt, aber sie weiß noch nichts davon. Du wolltest sie eigentlich zur Freitagsparty einladen, aber du hast ein bißchen zu lang gewartet: Letzten Mittwoch hast du erfahren, daß Adelheid mit deinem Freund Lutz zur Party kommt. Du wolltest aber trotzdem die Party nicht versäumen und hast am Donnerstag Adelheids Freundin Marion dazu eingeladen.
Du sitzt mit Marion bereits am Tisch, als Lutz mit Adelheid dazukommt. Sie setzen sich zu euch, und ihr unterhaltet euch.

Marion

Du bist in Lutz verliebt, aber er weiß es nicht. Letzten Montag wollte er dich zur Freitagsparty einladen. Dummerweise hatte sich aber für Freitagabend eine Tante zum Besuch bei dir angemeldet. So mußtest du Lutz' Einladung ablehnen. Am Mittwoch hat dich dann die Tante angerufen und mitgeteilt, daß sie doch nicht kommen könnte. Lutz hatte

inzwischen deine Freundin Adelheid eingeladen, wie du zufällig erfahren hast. Am Donnerstag rief dich Lutz' Freund Kai an und fragte, ob du Lust hättest, mit ihm zur Party zu gehen. Du warst froh, auf diese Weise doch noch mitzukommen und Lutz wenigstens dort zu sehen.
Du sitzt mit Kai bereits am Tisch, als Lutz mit Adelheid dazukommt. Sie setzen sich zu euch, und ihr unterhaltet euch.

Adelheid

Du bist in Kai verliebt, aber er weiß es nicht. Du hast gehofft, daß er dich zur Freitagsparty einlädt, aber vergeblich. Dafür hat dich letzten Dienstag Kais Freund Lutz eingeladen, und weil du gern zur Party kommen wolltest, hast du zugesagt.
Wie du mit Lutz zur Party kommst, siehst du, daß Kai mit deiner Freundin Marion dasitzt. Ihr setzt euch zu den beiden und unterhaltet euch.

Zwei Playboys

Ihr versucht in diesem Spiel, den beiden jungen Männern ihre Mädchen auszuspannen. Ihr taucht 5 - 10 Minuten nach Spielbeginn plötzlich auf und versucht, die Mädchen auf eine „viel feinere" Party einzuladen, die in einer Woche stattfinden soll. Wie ihr dabei vorgeht, ob ihr die Mädchen zum Tanzen auffordert oder euch einfach mit an den Tisch setzt, ist euch überlassen. Wichtig ist, daß ihr den Mädchen keine endgültige Entscheidung abverlangt, sondern ihnen „ruhig Zeit laßt", sich alles gründlich zu überlegen. Dann verschwindet ihr so plötzlich, wie ihr gekommen seid.

Das Spiel beginnt damit, daß sich Lutz und Adelheid zu Kai und Marion an den Tisch setzen. Die folgende Unterhaltung ist ganz den Spielern überlassen. Sie können natürlich auch Zwiegespräche unter vier Augen führen: Zwei gehen tanzen und unterhalten sich dabei, die andern beiden reden am Tisch miteinander. Solche Zwiegespräche, die eigentlich gleichzeitig stattfinden, werden im Interesse der Zuschauer hintereinandergeschaltet: Erst verläßt das eine Paar den Raum, um das Gespräch des anderen nicht mitzuhören, dann umgekehrt. Die Zuschauer beobachten, welche Schwierigkeiten die Darsteller überwinden müssen, bis alle erfahren haben, wie sie mit ihren Partnern dran sind. Wenn sich die Mißverständnisse nicht auflösen, sondern verfestigen, schickt der Spielleiter noch einmal die beiden Playboys mit der Frage, ob sie es sich jetzt überlegt hätten.

Bei der Auswertung werden die Informationen ausgetauscht. Die Gruppe überlegt sich, was es uns eigentlich so schwer macht, das

Einfachste zu tun, nämlich die Wahrheit auszusprechen. Oft sind es sicher schwer überwindbare Hemmungen, die aus der Angst entstehen, sich zu blamieren oder dem andern zu nahe zu treten. Oft ist es aber auch Gedankenlosigkeit, die naiv voraussetzt, daß der andere genauso denkt und empfindet, wie ich meine, daß er denkt und empfindet, ohne daß ich mich darüber bei ihm erkundigen müßte.

Die beiden Spiele SCHIROKKO und PARTYGEFLÜSTER liefern den Spielern Material, mit dem sie ganz verschieden umgehen können. Während sie spielen, bewegt sich ihre Kommunikation entweder mehr in Richtung Offenheit und Vertrauen, oder mehr in Richtung Abkapselung, Abwehr und Mißtrauen. Sie spielen sich aufeinander ein, entweder als Gegner, die einander angreifen und sich verteidigen, oder als Partner, die die Schwierigkeiten beseitigen, die zwischen ihnen liegen. Das Spiel gibt ihnen Gelegenheit, ihre eigenen Spielregeln im Umgang miteinander zu entwickeln. Dazu wollen auch die folgenden Vorschläge anregen.

IV./3. Spiele zur Entwicklung von Spielregeln

Was wäre, wenn? 15

Was wäre, wenn sich alle Menschen unsichtbar machen könnten?
Was wäre, wenn man Lernstoff in Pillenform schlucken könnte?
Was wäre, wenn jemand einen Apparat erfinden würde, mit dem man Gegenstände und Menschen vervielfältigen könnte?

Was wäre, wenn die Delphine mehr Intelligenz entwickeln würden als die Menschen?
Was wäre, wenn man alle Nahrungsmittel synthetisch billiger und besser herstellen könnte?
Was wäre, wenn Spionage als ehrenwerte Tätigkeit gälte und jeder Spion von dem Land, das er ausspioniert hat, einen Preis bekäme?

Was wäre, wenn die Kinder darüber zu entscheiden hätten, ob die Ehe der Eltern geschieden wird oder nicht?
Was wäre, wenn der Pfarrer während der Predigt die Gedanken der Gemeindeglieder laut hören würde?

 Was wäre, wenn für höhere Staatsämter nur Frauen zugelassen wären?

Jeder dieser Sätze regt dazu an, weiterzudenken, was denn nun wirklich wäre, wenn... Eine mehr oder weniger verrückte Prämisse wird in den Raum gestellt, und schon beginnt die Fantasie, sich die Konsequenzen auszumalen. Mit diesem Gedankenspiel können sich auch Gruppen beschäftigen. Es ist zunächst ein amüsanter Zeitvertreib, der die Fantasie anregt, und je nach Lust und Fähigkeit kann die Gruppe ihre Einfälle mit künstlerischen Mitteln darstellen. So können Bildserien, Hörspiele, Szenenfolgen, Drehbücher und Pantomimen entstehen – der Kreativität sind keine Grenzen gesetzt. Wichtig ist nur, daß von der *einen* Prämisse aus *konsequent* weiterfantasiert wird, d.h. daß nur diese eine Voraussetzung von der Realität, wie wir sie kennen, abweicht. Die Spannung in diesem Spiel entsteht nicht durch eine Fülle von irrealen Einfällen, sondern durch die Entdeckung, wie sich das gesamte Weltgefüge notwendigerweise verändern muß, wenn sich *ein* Punkt nicht mehr in das gewohnte Schema einfügt. Z.B. hätte die synthetische Herstellung von Nahrungsmitteln empfindliche Folgen für die Landwirtschaft, die gesamte Weltwirtschaft käme aus dem Gleichgewicht, man müßte neu zu überlegen anfangen über die Dritte Welt und den Umweltschutz, die Frage des Herstellungsmonopols würde zu weltweiten Kämpfen führen. Der Spielleiter sollte nicht locker lassen, bis die Gruppe auch die letzten Konsequenzen durchdacht und mögliche Wege zur Verarbeitung der entstandenen Probleme gefunden hat.

Damit wird dieses Spiel mehr als eine unterhaltsame Gedankenspielerei. Gewiß können wir uns nicht vorstellen, daß die oben aufgeführten Prämissen jemals Wirklichkeit werden könnten. Aber die Geschichte zeigt, daß die Menschheit auf viele neuartigen Entwicklungen so reagiert hat, als wären sie in ihrer Welt nicht vorgesehen. Sie konnte die Konsequenzen nicht überblicken und verstand es deshalb nicht, ihr Regelsystem auf die neuen Gegebenheiten einzustellen. Z.B. standen Staat und Kirche im 19. Jahrhundert der Industrialisierung völlig hilflos gegenüber, im 20. Jahrhundert gelang es kaum, die alten Kriegs-Spielregeln durch die Entwicklung von Massenvernichtungsmitteln korrigieren zu lassen, und gegenwärtig versuchen wir uns in letzter Minute auf die Probleme der Dritten Welt und des Umweltschutzes einzustellen. All diese Probleme erschienen uns bei ihrem Auftreten nahezu ebenso fremd und irreal, wie die „verrückten" Prämissen unseres Spieles. WAS WÄRE, WENN könnte ein Übungsfeld sein, um mit Unvorhergesehenem zu rechnen, dessen Konsequenzen zu durchdenken und neue Spielregeln zu entwickeln, die der neu entstandenen Situation gerecht werden.

Übrigens machen wir dabei eine Erfahrung, die nicht nur für weltgeschichtliche Veränderungen, sondern auch für Veränderungen in kleinen Gemeinschaften gilt: Wenn sich in einem System an *einer* Stelle etwas ändert, so sind zwangsläufig die Regeln des gesamten Systems einer Revision bedürftig. Viele Familienkonflikte haben ihre Ursache darin, daß *einer* nicht mehr seine gewohnte Rolle spielen kann und die übrigen nicht fähig oder nicht bereit sind, neue Spielregeln zu entwickeln. Man erlebt dies z.B., wenn das Kind zum Jugendlichen wird und nicht mehr wie ein Kind behandelt werden will, oder wenn die Ehefrau sich von der anfänglichen Abhängigkeit emanzipiert und ihr Recht auf eigene Persönlichkeitsentfaltung entdeckt. Auch hier könnte WAS WÄRE, WENN einen Anstoß zum Nachdenken geben.
Wenn man mithilfe dieses Spiels in tiefergehende Arbeitsgespräche einsteigen will, kann man dies in drei Stufen tun:

(1) Der Leiter gibt eine Prämisse vor, die Gruppe verfolgt, wie oben beschrieben, mit ihrer Fantasie die Konsequenzen.

(2) Der Leiter bittet die Gruppe, selbst neue Prämissen zu finden. Der beste Einfall kann Ausgangspunkt einer zweiten Spielrunde werden. Oder verschiedene Prämissen werden in Untergruppen weiter verfolgt und die Ergebnisse ausgetauscht.

(3) Die Gruppe überlegt sich Ereignisse, die durchaus im Bereich des Möglichen liegen, deren Konsequenzen ihr aber noch nicht bewußt sind. Sie fragt also jetzt nicht mehr: WAS WÄRE, WENN? sondern: WAS WIRD SEIN, WENN? Z.B. wenn die Erdölvorräte der Erde erschöpft sind; wenn die Dritte Welt wirtschaftlich und politisch die Industriestaaten eingeholt hat; wenn Europa eine einheitliche Währung hat; wenn – vielleicht einmal – die Grenze zwischen den beiden deutschen Staaten beseitigt ist.
Man kann bei solchen Überlegungen auch umgekehrt vom Ergebnis ausgehen und fragen: WAS MÜSSTE GESCHEHEN, DASS? Die Gruppe sucht also zunächst nach einem Ziel, nach einem wünschenswerten Zustand der Welt, des Staates, der Gesellschaft oder einer Gruppe. Dieses Ziel kann zunächst utopisch aussehen. Wir haben ja inzwischen gelernt, daß durchaus nicht alles so bleiben muß, wie es ist, und daß manche Ereignisse die Welt viel stärker verändern, als wir es vermutet hätten. Das utopische Ziel muß sich allerdings bewäh-

 ren und korrigieren lassen durch die Frage: WAS MÜSSTE GESCHEHEN, DASS? Die konsequente, schrittweise Überlegung des Weges dorthin, die unsere jetzige Realität nicht übersieht, sondern ernst nimmt, kann wirklichkeitsfremde Wunschfantasien überprüfen und dazu anleiten, die notwendigen ersten Schritte zu gehen und nicht gleich mit dem zehnten Schritt anfangen zu wollen. So kann politische Kreativität wachsen, die das Bestehende weder einfach hinnimmt, noch den Bezug zur Realität verliert – wie Wollschläger definiert: „Kreativität ist die Fähigkeit, neue Zusammenhänge aufzuzeigen, bestehende Normen sinnvoll zu verändern und damit zur allgemeinen Problemlösung in der gesellschaftlichen Realität beizutragen" (Wollschläger 11).

Prophetie

Eine ähnliche Art gestaltender Reflexion scheint mir in den eschatologischen und apokalyptischen Bildern der alt- und neutestamentlichen Propheten vorzuliegen. Diese „Seher" haben zunächst die Wirksamkeit Gottes in Vergangenheit und Gegenwart „gesehen", sie haben die Dynamik seiner Kommunikation mit seinem Volk erfahren und gespürt, daß hier eine „Prämisse" gesetzt war, der die gängigen Spielregeln der Welt auf die Dauer nicht standhalten werden. So konnten sie nicht anders, als zu fragen: WAS WIRD SEIN, WENN sich Gott mit seiner Liebe zu uns, die er trotz aller menschlicher Abwehr aufrecht erhält, endgültig durchgesetzt hat? Sie malten die Konsequenzen des Handelns Gottes mit den Farben, die ihnen zur Verfügung standen, so daß sich in ihren Zukunftsvisionen einerseits ihre zeitgeschichtlich geprägte Gotteserfahrung widerspiegelt, andererseits aber der Einbruch einer völlig neuen, die gegenwärtigen Gegebenheiten sprengenden Wirklichkeit gezeichnet wird.
Im Mittelpunkt alt- und neutestamentlicher Endzeiterwartung stehen Begriffe und Bilder, die bereits in der bisherigen Überlieferung für die Beziehung zwischen Gott und seinem Volk und zwischen den Einzelnen in der Gemeinde standen: der „Bund" (Jer. 31, 31; Hes. 37, 26), das „Reich" (Mark. 1, 15 u.a.), die „Stadt" (Off. 21, 2). Gerade am Begriff des „Reiches Gottes" kann deutlich werden, wie die Verfasser des Neuen Testaments ihre Erfahrungen mit Jesus Christus konsequent in eine endgültige Zukunft hinein verlängern. Jesus begann seine Wirksamkeit mit der Ankündigung: „Das Reich Gottes ist da" (Mark. 1, 15). Die Art, wie Gott mit uns um-

gehen will, predigte er und verkörperte er selbst, indem er sich zu den Sündern setzte und die Kranken heilte. Gleichzeitig rief er zur „Buße“, zur Neuorientierung. Seine Kommunikation paßte nicht in das gängige Regelsystem. Wer mit ihm zu tun bekam, mußte entweder sein Leben auf ihn einstellen, oder versuchen, ihn zu eliminieren, was ja auch geschah. Die Gemeinde, die seine Auferstehung erfahren hatte, sah in ihm den „Erstling“ (1. Kor. 15, 20), den Anfang des neuen Lebens, das künftig nicht mehr aus der Welt auszurotten sein wird. Und sie erwartete das „Reich Gottes“ als die endgültige Konsequenz dieses Anfangs, die vollkommene Gemeinschaft zwischen Gott und den Menschen (Off. 21, 3).

Wer im Unterricht oder in Gemeindegruppen über eschatologische Fragen arbeitet, muß sich oft mit Vorstellungen vom „Himmel“ oder vom „Jenseits“ auseinandersetzen, die nichts mehr mit der Gemeinschaft zwischen Gott und uns zu tun haben. Bilder, die früher einmal diese Hoffnung ausgedrückt haben, sind weithin im Bewußtsein der heutigen Menschen verselbständigt und ergeben beziehungslose Vorstellungen von einem Schlaraffenland, einem kitschigen Himmelsparadies oder einer gruseligen Geisterwelt. Viele Menschen lehnen deshalb jede Endzeiterwartung als unrealistisch ab, und manche Theologen beschränken sich darauf, apokalyptische Bilder als unwichtig und irreführend zu beseitigen. Mir scheint es am sinnvollsten, mit der Klasse oder Gruppe denselben Weg nachzugehen, der die alten Propheten zu ihren Endzeitvisionen geführt hat: Wenn eine Gruppe begriffen hat, wie Jesus die neue Gemeinschaft zwischen Gott und Mensch praktiziert hat, und wenn sie die Frage bearbeitet hat, wie diese in unserer Gegenwart aussehen könnte, dann kann sie von hier aus weiterdenken: WAS WIRD SEIN, WENN Christus sein Ziel erreicht hat? Die alten Bilder, die uns fremd geworden sind, können die Gruppe dazu anregen, unsere Zukunftshoffnung mit unserem eigenen Bildmaterial zu gestalten, in dem Bewußtsein, daß auch unsere Vorstellungen der Zukunft Gottes nicht gerecht werden und sich eines Tages als überholt erweisen werden. Gerade das ist ja charakteristisch für eschatologisches Denken, daß wir im Vertrauen auf Gottes schöpferische Kraft mit Unerwartetem rechnen und darauf gefaßt sind, daß auch unsere kühnsten Vorstellungen von Gottes Neuschöpfung überholt werden. Mit diesem Zutrauen können wir uns auf die Aufgaben vorbereiten, die morgen oder übermorgen auf uns warten, und können mitarbeiten an einer besseren Gestaltung unserer Welt.

16 Leistungsdruck

Unsere Gesellschaft wird weithin vom Leistungsdenken geprägt. Wer viel leistet, gilt viel, und wer wenig leistet, gilt wenig, so lautet die Regel. Jesus hat in seinem Gleichnis von den Arbeitern im Weinberg (Matth. 20, 1–16) diese Spielregel auf den Kopf gestellt. Wenn man aber fragt: WAS WÄRE, WENN alle Arbeitgeber so verfahren würden, wie der Weinbergbesitzer aus dem Gleichnis, so kommt man zu dem Schluß, daß unser Wirtschaftssystem völlig zusammenbrechen würde. Ohne Leistungsprinzip kommen wir nicht aus. Es stellen sich aber zwei Fragen: Einmal, ob die Leistung eine so beherrschende Rolle spielen muß, daß viele unter ihrem Druck körperlichen und seelischen Schaden leiden. Und zweitens, ob nur das als Leistung anerkannt werden soll, was mit Geld, mit der Stoppuhr, mit Zeugnissen oder mit Noten gemessen werden kann.
Im schulischen Bereich werden seit jeher Leistungen benotet, und seit jeher standen besonders die schwächeren Schüler unter dem Druck eines Beurteilungsschemas, das nur einen Teil ihrer Fähigkeiten erfassen konnte, aber den Anspruch erhob, sie als „gute Schüler" oder „schlechte Schüler" zu kennzeichnen. Inzwischen hat sich die Lage durch den numerus clausus verschärft. Der Notendurchschnitt entscheidet über die Zukunft der Abiturienten, die Auswahl der zum Studium zugelassenen richtet sich einseitig nach den Leistungen des Intellekts und des Gedächtnisses. Emotionale und charakterliche Qualitäten können vom Notenbild nicht erfaßt werden. Entsprechend sehen sich Schüler, die den erforderlichen Notendurchschnitt nur mit Mühe erreichen, gezwungen, ihre ganze Energie zur Bewältigung des schulischen Stoffes einzusetzen und auf vieles zu verzichten, was zur gesunden Entwicklung ihrer Persönlichkeit notwendig wäre.
Das Entscheidungsspiel LEISTUNGSDRUCK entstand aus der Anregung einer Lehrerin, die bei vielen Schülern beobachtete, wie sie durch den Druck der Noten völlig von der Schularbeit verschluckt wurden und gar keinen Sinn für andere sinnvolle Beschäftigungen mehr aufbringen konnten. Sie suchte nach einem Weg, das verhängnisvolle Gesetz zu durchbrechen, das etwa in dem häufigen Ausspruch steckt: „Die Schule geht vor".

Die Spielsituation

Die 11. Klasse eines neusprachlichen Gymnasiums hat die Möglichkeit, im kommenden Schuljahr fünf Monate lang im Austauschverfahren eine Schule in Frankreich zu besuchen. Voraussetzung hierfür ist aber, daß der Notendurchschnitt der Klasse bis zum Ende dieses Schuljahres um mindestens eine halbe Note besser wird. Die Schüler setzen sich zusammen und prüfen die Möglichkeiten, die geforderte Bedingung zu erfüllen.

Vorbereitung

(1) Jeder Spieler erhält einen Stundenplan, in den er alles einträgt, was er außerhalb der Schulzeit tut. Er braucht nicht seine persönliche Zeiteinteilung anzugeben, sondern kann die Zeit des Schülers, den er spielen will, beliebig füllen. Jede Stunde muß gekennzeichnet sein, so daß es auf dem Wochenplan keine leeren Felder mehr gibt. Wenn er also z.B. am Samstag bis 11 Uhr schläft, soll er „Schlafen" eintragen, und wenn er nachmittags eine Stunde lang nichts tut, gibt er „Faulenzen" an.

(2) Jeder Spieler erhält einen bestimmten Notendurchschnitt, so daß alle Notenstufen gleichmäßig vertreten sind. Der Klassendurchschnitt wird ausgerechnet.

(3) Die Spieler verteilen unter sich verschiedene außerschulische Beschäftigungen, die eine bestimmte Anzahl von Stunden in Anspruch nehmen. Sie werden im Stundenplan eingetragen:

a) Einige gehören zu einer *Theatergruppe*, die am Ende des Schuljahres ein Stück aufführen will. Sie probt jede Woche einen Abend und einen Nachmittag. Die Theatergruppe sucht noch nach weiteren Spielern und wäre froh, wenn andere aus der Klasse noch mitmachen würden.

b) Einige arbeiten bei der *Schülerzeitung* mit. Sie haben pro Woche eine zweistündige Redaktionssitzung und brauchen weitere drei Stunden zum Schreiben, Tippen und Abziehen. Sie vermuten, daß einige Lehrer durch kritische Artikel verärgert sind, was sich auf die Benotung auswirken könnte.

c) Einer oder zwei spielen bei einer *Musikband* mit. Das bedeutet 6 Stunden Üben und einen Abend Spielen. Da dieser Abend meist bis 2 Uhr dauert, brauchen sie am nächsten Tag entsprechend mehr Zeit zum schlafen.

d) Einer *arbeitet* täglich drei Stunden auf einer Tankstelle, um etwas zu verdienen, da seine Eltern in finanziellen Schwierigkeiten stecken.

e) Einige gehören einer *Gruppe von körperbehinderten und gesunden Jugendlichen* an. Sie verwenden einen Abend und das ganze

Beispiel eines ausgefüllten Stundenplans:

Montag	Dienstag	Mittwoch	Donnerstag	Freitag	Samstag	Sonntag
					Schlafen	
					Schlafen	
					Tennis	
		Schule			Frühschoppen	
		Mittagessen				
Lesen	Tennis	Lesen	Faulenzen	Hausaufgaben	Lesen	Ausflug
Hausaufgaben	Platten hören	Hausaufgaben	Einkaufen	Hausaufgaben	Theatergruppe	
Hausaufgaben	Hausaufgaben	Hausaufgaben	Freund besuchen	Platten hören	Theatergruppe	
Freund besuchen	Hausaufgaben	Nachhilfestunde	Hausaufgaben	Freundin abholen	Theatergruppe	
Stadtbummel	Lesen	Faulenzen	Hausaufgaben	Spazieren gehen	Theatergruppe	
		Abendessen				
Freundin abholen	Theatergruppe	Fernsehen	Fernsehen	Fernsehen	Tanzen	
Kino	Theatergruppe	Fernsehen	Fernsehen	Fernsehen	Tanzen	

Wochenende dazu, mit den Behinderten etwas zu unternehmen.

f) Etwa ein Drittel der Klasse verwendet *fast die ganze Freizeit für Schularbeiten* und hat keine anderen Beschäftigungen.

Natürlich können sich einige auch an mehreren Aktivitäten zugleich beteiligen, sofern es ihre Zeit erlaubt.

(4) Ein Drittel der Klasse will Sprachen studieren und ist deshalb sehr an dem Frankreichaufenthalt interessiert. Ein weiteres Drittel hat aus anderen Gründen große Lust, die Zeit in Frankreich mitzumachen. Dem letzten Drittel ist es gleichgültig, ob die Klasse nach Frankreich fährt oder nicht. Diese verschiedenen Einstellungen werden vor Spielbeginn festgelegt.

(5) Zur Berechnung der Erfolgsaussichten wird vorausgesetzt, daß jeder Schüler zur Verbesserung des Notendurchschnitts um 0,1 eine zusätzliche Stunde pro Woche arbeiten muß. Jeder müßte also durchschnittlich 5 Stunden mehr für die Schule verwenden, wenn der Klassendurchschnitt um eine halbe Note steigen soll.

Die Klasse überlegt nun, wie das zu schaffen sein könnte. Da die Stundenpläne lückenlos gefüllt sind, muß für jede zusätzliche Arbeitsstunde eine andere Tätigkeit gestrichen werden. Wird das gelingen?
Im Verlauf der Auseinandersetzung werden die einzelnen Schüler begründen, warum sie diese oder jene Aktivität nicht aufgeben wollen. Es taucht die Frage auf, was wichtiger ist: der bessere Notendurchschnitt oder die Theatergruppe, der Spaziergang mit der Freundin, die Schülerzeitung, die Zeit des Nichtstuns. So entsteht eine Auseinandersetzung über all das, was außer der Schule auch noch zum Leben gehört und seinen Wert hat. Das wünschenswerte Ergebnis des Klassengesprächs wäre, daß sich die Schüler gegen den Leistungsdruck der Noten zur Wehr setzen und beschließen, mit den zuständigen Leuten über den Sinn dieser Vorbedingung zu diskutieren. Damit wären sie auf dem Weg zu einer sinnvolleren Spielregel, die dem Leistungsprinzip eine untergeordnete Rolle zuweist.

Spielregelkritik 17

Die meisten Spielregeln erhalten ihre Legitimation nicht durch vernünftige Überlegung, sondern allein dadurch, daß man sich fraglos nach ihnen richtet. Spielregelkritik stellt die Fraglosigkeit geläufiger Regeln in Frage. Wer darauf kommt, daß es nicht unbedingt *diese*

 Regel sein muß, die unser Zusammenspiel bestimmt, daß an ihre Stelle auch andere Regeln treten könnten, nimmt der herrschenden Spielregel ihre Allmacht. Er kann ihre Zweckmäßigkeit untersuchen und, wenn nötig, sinnvollere Regeln konstruieren.
Spielregelkritik stößt allerdings in der Realität auf verschiedene Schwierigkeiten. Erstens fallen uns viele Regeln, nach denen wir uns richten, gar nicht auf. Sie sind uns so geläufig, daß wir sie einhalten, ohne sie eigentlich zu kennen. Zweitens fällt es uns schwer, über Regeln, die wir selbst befolgen, zu metakommunizieren (vgl. S. 31). Und drittens haben wir es mit sehr komplexen Regelsystemen zu tun, aus denen sich selten eine überschaubare Regel herauslösen und isoliert bearbeiten läßt.
Deshalb empfiehlt es sich, Spielregelkritik zunächst mit überschaubarem Material zu versuchen. Alle traditionellen Gesellschaftsspiele eignen sich als Übungsfeld. Ihre Regeln sind als solche bekannt, sie sind relativ unkompliziert und bestimmen ein geschlossenes System, das wir leicht zum Objekt unserer Reflexion machen können.
Der Spielleiter könnte z.B. an einem Spielabend, an dem Mühle, Schach oder Skat gespielt wurde, die Frage einwerfen: „Was haltet ihr eigentlich von den Regeln, nach denen ihr gespielt habt?" Oder er setzt einen Abend mit dem Thema SPIELREGELKRITIK an, bringt verschiedene Spiele mit, läßt die Gruppe eine Zeit lang spielen und eröffnet dann die Diskussion. Er kann die Gruppe zu drei Arbeitsgängen anregen: 1. Infragestellung der Regel, 2. Beurteilung der Dynamik, 3. Suche nach Regeländerungen.

1. Infragestellung der Regel

Bei vielen Spielern wird der Spielleiter auf Verständnislosigkeit stoßen, wenn er die Anregung gibt, über die Regeln nachzudenken: „Was soll das? Wir wollen lieber weiterspielen!" Diese ablehnende Reaktion zeigt, wie wenig viele darin geübt sind, die Gesetze ihres Handelns zu reflektieren. Der Spielleiter sollte deshalb hier einsetzen: „Das sind wir alle nicht gewohnt, uns über die Spielregeln unseres Verhaltens Gedanken zu machen. Wir spielen lieber nach den alten Regeln weiter. Wahrscheinlich geht es uns da im Leben genau so wie im Spiel."

2. Beurteilung der Dynamik

Der Spielleiter weist darauf hin, daß alle Spiele in ihren Regeln bestimmte Kommunikationsformen abbilden. Wo könnten wir Parallelen finden? Zunächst fällt uns auf, daß es bei den klassischen

Brett-, Karten- und Würfelspielen um Gewinnen und Verlieren geht. Man schlägt den Gegner oder wird von ihm geschlagen. Bei Schach und Dame stehen sich zwei Heere gegenüber, die sich gegenseitig zu dezimieren versuchen, bis einer eindeutig die Macht über den andern hat. Beim Mensch-ärgere-dich-nicht und anderen Würfelspielen wird ein Wettrennen veranstaltet, bei dem der Gegner auch durch „Hinauswerfen" außer Gefecht gesetzt werden kann. Beim Skat und bei ähnlichen Kartenspielen legen die Besitzenden ihre Trümpfe auf den Tisch: Wer mehr besitzt, kassiert den Besitz der andern. Wir spielen also nach den Regeln des Krieges und des wirtschaftlichen Konkurrenzkampfes: Mein Vorteil ist dein Nachteil, mein Sieg ist deine Niederlage.
Es wäre verfehlt, den Spielern aus dieser Erkenntnis einen Vorwurf zu machen, so als wäre es unanständig, im Spiel gewinnen zu wollen. Es macht uns Spaß, im Spiel zu kämpfen und zu gewinnen, und dabei soll es auch bleiben. Die Dynamik von Gewinnen und Verlieren werden wir auch in unseren mitmenschlichen Beziehungen und in der Gesellschaft nicht ausschalten können, es sei denn, es würde uns gelingen, eine langweilige und reizlose Welt aufzubauen. Entscheidend ist aber, ob wir neben und über den Machtkämpfen noch andere Spielregeln entwickeln können, die es verhindern, daß die Weltwirtschaft zu einem „Monopoly" ausartet, bei dem die Chancen des Schwächeren unaufhaltsam abnehmen und die Macht des Stärkeren ungebremst wächst; ob wir Spielregeln finden, die den Frieden aufbauen, bevor ein Volk das andere blutig geschlagen hat; ob wir in Ehe und Familie das Gewinnen und Verlieren dem gemeinsamen Bemühen um Liebe unterordnen können. Gesellschaftsspiele konstellieren gerade diese Rangordnung, die den Machtkampf der kooperierenden Gemeinschaft unterordnet: Das Spiel steht im Rahmen eines geselligen Abends. Man spielt, weil es *allen* Spaß macht, auch dem Verlierer. Der spielerische Kampf dient gerade dazu, daß sich die Spieler gut verstehen und gern beieinander sind. Er zerstört die Freundschaft nicht, sondern er festigt sie. In der Realität ist das oft nicht so, und die Spielregelkritik kann uns den Blick dafür öffnen.

Nun gibt es auch Spiele, bei denen die Regel „Mein Gewinn ist dein Verlust" teilweise durchbrochen ist, so daß der Machtkampf mit Kooperation kombiniert wird. Das schönste Beispiel dafür ist Halma. Auch hier geht es um Gewinnen und Verlieren, aber dazu kommt die Regel: „Ich baue eine Straße zu dir; du kannst meine Straße benützen, um zu mir zu kommen, und ich kann deine Straße benützen,

 um zu dir zu kommen." Man kann Halma konstruktiv und destruktiv spielen, je nachdem, ob man sich mehr darum bemüht, sich und dem andern Wege zu eröffnen oder dem anderen (und damit auch sich selbst) Wege zu verbauen. Es zeigt sich aber, daß man nicht viel gewinnt, wenn man destruktiv spielt. So ist Halma verwandt mit SCHIROKKO (S. 94ff), wenn auch beim Halma das Gewinnen die bevorzugte Tendenz bleibt.
Auch Rommé enthält Elemente der Kooperation. Hier sammelt man Kartenserien, nicht um sie zu behalten, sondern um sie abzulegen. Andere können die Serie weiterführen, wenn sie entsprechende Karten haben. Sieger ist nicht, wer die meisten Karten besitzt, sondern wer all sein „Kapital" in dem gemeinsamen „Unternehmen" auf dem Tisch angelegt hat. Andererseits kann sich auch ein Spieler für „Handrommé" entscheiden und keine Karte ablegen, bevor er nicht lauter vollständige Serien besitzt. Er riskiert dabei, daß ihm ein anderer zuvorkommt, hofft aber auf den doppelten Gewinn, wenn ihm sein „Privatunternehmen" glückt.

3. Suche nach Regeländerungen

Es ist schon viel gewonnen, wenn eine Gruppe begreift, daß Spielregeln nicht fraglos so sein müssen, wie sie sind, und daß man ihre Dynamik reflektieren und beurteilen kann. Der nächste Schritt wäre nun, sich selbst neue Regeln einfallen zu lassen und ein altbekanntes Spiel nach eigenem Geschmack zu verändern. Es geht zunächst noch gar nicht darum, daß die neuen Regeln besser wären als die alten. Vielmehr ist das Ziel, durch Spielregeländerungen kreativ zu werden und Spaß daran zu finden, eigene Regeln aufzustellen, als Konsequenz der Erkenntnis, daß man Spielregeln nicht fraglos hinnehmen muß. Als Anreiz dazu könnte der Spielleiter einen Wettbewerb ansagen: Wer erfindet die originellste Regeländerung?

Als Kinder haben wir z.B. die Regeln des ehrwürdigen *Schach* auf den Kopf gestellt und „Freßschach" gespielt: Gewonnen hat, wer als erster keinen Stein mehr auf dem Brett hat. Wer eine gegnerische Figur schlagen kann, muß das tun. Auch der König wird geschlagen. Jeder Spieler versucht, dem Gegner möglichst viele Figuren so hinzustellen, daß er sie fressen muß. – Für Schach-Fans stellt Freßschach fast eine Beleidigung dar. Aber für schwache Schachspieler ist es ein Vergnügen: Sie können all die komplizierten Kombinationen, die der Gegner doch immer besser überblickt als sie, über Bord werfen und es genießen, wie das Feld immer leerer und übersichtlicher wird.

Halma kann man zu einem Wettbewerb der Kooperation umfunktionieren: Mehrere Paare spielen je eine Partie. Die Züge, die sie brauchen, bis beide ihr Ziel erreicht haben, werden gezählt. Gewonnen hat das Paar, das mit den wenigsten Zügen ausgekommen ist.
Eine Studentengruppe hat die Regeln des *Mühlespiels* so verändert, daß man es zunächst kaum für möglich hält, danach zu spielen. Versucht man es trotzdem, so erlebt man einige Überraschungen. Jeder Spieler erhält zu Beginn 5 Steine von seiner Farbe und 4 Steine des Gegners. Er kann sie in beliebiger Reihenfolge setzen. Sind alle Steine auf dem Brett, so zieht jeder nur noch mit seiner eigenen Farbe. Mühlen können auch aus verschiedenen Farben zusammengesetzt sein. Wenn z.B. ein Spieler einen weißen Stein zwischen zwei schwarze Steine rückt und damit die Mühle schließt, darf er dem Gegner einen Stein nehmen. Mühlen sind allerdings unverletzlich, auch wenn sie aus verschiedenfarbigen Steinen bestehen.

Unsere Sprache verwendet viele Ausdrücke aus dem Bereich der klassischen Spiele, um typische Kommunikationsformen zu kennzeichnen. So sprechen wir von einer „Patt-Situation", vom „Zugzwang" oder von einem „Pokergesicht"; wir sagen: „Ich gerate in eine Zwickmühle", oder: „Er läßt sich nicht in die Karten schauen", oder: „Damit kannst du ihn in Schach halten". Offenbar „spielen" wir in vielen Situationen ähnlich wie bei Schach, Mühle oder Skat. Wir können annehmen, daß es überall dort, wo diese Redewendungen passen, um Gewinnen und Verlieren geht, daß also ein offener oder verdeckter Kampf ausgefochten wird. Darüber hinaus können wir Kommunikationsformen entdecken, die mit geläufigen Taktiken von Schach-, Mühle- oder Kartenspielern eng verwandt sind. Wenn sie ihren spielerischen Charakter beibehalten und von freundschaftlichem Humor geprägt sind, machen sie allen Beteiligten Spaß: Man neckt sich, spielt dem andern einen Streich, legt ihn herein, überrascht ihn und lacht am Ende gemeinsam mit dem „Opfer". Häufig bestimmen aber solche Spieltaktiken das Zusammenleben von Menschen in einer Weise, die mit Spaß nichts mehr zu tun hat; und oft ist keinem der Beteiligten klar, wie sehr sie sich durch ihr Taktieren eine offene Klärung ihrer Probleme verbauen. Auf zwei dieser spielähnlichen Kommunikationsformen möchte ich hier ausführlicher eingehen. In der Sprache des Spiels könnte man sie als den „versteckten Trumpf" und als die „doppelte Bedrohung" bezeichnen. In der Sprache der Transaktionsanalyse und der Kommunikationsforschung nennt man sie „verdeckte Transaktion" und „Doppelbindung".

Im Spiel gilt der Grundsatz, daß ich den Gegner über meine Machtmittel im Unklaren lasse. Die wirksamsten Angriffe sind die, mit denen er nicht gerechnet hat. Ich lasse ihn nicht in meine Karten schauen. Ich verrate ihm nicht, welche Schachzüge ich plane. Wenn er sich in Sicherheit wiegt und von Scheinangriffen täuschen läßt, habe ich ein leichtes Spiel.

Eric Berne untersuchte solche „verdeckten Transaktionen" in der alltäglichen Kommunikation. Bei diesen „Spielen" bringt einer den andern dahin, wo er ihn haben will, ohne ihm seine Absicht mitzuteilen, ja gerade dadurch, daß er ihm etwas völlig anderes als seine eigentliche Absicht mitteilt. Er bemächtigt sich also des anderen, indem er seine Machtmittel verbirgt, vor seinem Partner und oft auch vor sich selbst.

Berne illustriert dieses Vorgehen am Beispiel eines Vertreters, der – hier ganz bewußt taktierend – einer Hausfrau einen teueren Apparat andrehen will:

„Vertreter: Dieser Apparat hier ist besser, aber den können Sie sich nicht leisten.
Hausfrau: Genau den werde ich nehmen!" (41f)

Der Vertreter sagt inhaltlich etwas objektiv Richtiges. Niemand könnte ihm am Wortlaut nachweisen, daß er sie falsch informiert oder getäuscht hätte. Er rechnet aber damit, die Kundin gerade dadurch zu reizen, den teueren Apparat zu kaufen, und sie reagiert auch prompt: „Dem werde ich schon zeigen, was ich mir leisten kann und was nicht!" Sein versteckter Trumpf ist die angedeutete Geringschätzung für Leute, die nicht finanzkräftig genug sind, um sich – wie die reichen Nachbarn – immer das Beste vom Besten anzuschaffen.

Dieser Verkäufer setzt seine verborgenen Machtmittel bewußt ein. Oft ist aber dem „Spieler" selbst nicht klar, daß er den andern manipuliert und im Grunde etwas anderes erreichen will, als er offen ausdrückt. Dafür einige Beispiele.

Ein Familienvater zieht sich auf sein Zimmer zurück und arbeitet. Seine Frau oder die Kinder kommen zur Tür herein, weil sie irgendetwas benötigen, z.B. eine Kneifzange. Der Vater ist gereizt, spielt aber den Sanftmütigen und holt das Gewünschte aus dem Regal. Dabei verhaspelt er sich, der ganze Werkzeugkasten fällt zu Boden – und er hat einen guten Grund zu explodieren: „Sieh bloß, was du angerichtet hast!" (Berne 113).

Anstatt die Spannung zwischen ihm und der Familie offen anzusprechen, konstelliert er, ohne sich selber darüber klar zu sein, eine Situation, die ihm scheinbar das Recht gibt, seinen angestauten Zorn auf die anderen zu entladen.

Eine Frau fühlt sich von ihrem Mann vernachlässigt. Sie droht ihm: „Ich lasse mich scheiden!" Wahrscheinlich macht sie sich selbst nicht klar, daß sie eigentlich keine Trennung herbeiführen, sondern im Gegenteil erleben will, daß ihr Mann sie nicht losläßt und darum kämpft, daß sie bei ihm bleibt.

Der Leiter eines Arbeitsteams eröffnet eine Konferenz. Jeder weiß, daß unter anderm ein sehr heikler Punkt besprochen werden soll, der besonders dem Vorsitzenden unangenehm ist. Dieser beginnt die Sitzung mit folgenden Worten: „Meine Herren, ich war nahe daran, die Konferenz abzusagen und meinen Vertreter um die Leitung zu bitten. Ich lag bis fünf Uhr mit Fieber im Bett. Es sind aber so viele wichtige Punkte zu besprechen, daß ich es für meine Pflicht hielt, trotzdem hierherzukommen. Ich bin sogar in Anbetracht der umfangreichen Tagesordnung bereit, bis Mitternacht durchzuarbeiten, obwohl wir sonst immer pünktlich um zehn Uhr schließen..." – Das Team bricht die Sitzung um zehn Uhr ab, bevor der kritische Punkt zur Sprache gekommen ist.

Bei all diesen „Spielen" spielt die Angst, zu verlieren, und der Drang, zu gewinnen, eine bevorzugte Rolle. Die sachgemäße Bearbeitung der Problematik wird dadurch verhindert. Stattdessen taktiert man mit versteckten Machtmitteln. Wenn die Beteiligten ihr Spiel durchschauen lernen, könnte sich für sie ein Weg eröffnen, bei dem letztlich beide Parteien gewinnen, weil der untergründige Kampf einer offenen Auseinandersetzung Platz macht.

Doppelte Bedrohung – Doppelbindung

Ein guter Schachspieler versucht seinen Spielpartner in eine Lage zu manövrieren, in der er in jedem Fall verliert, wie er auch zieht. Er bedroht z.B. mit dem Springer zugleich den Turm und die Dame. Rettet der Gegner die eine Figur, verliert er die andere. Oder er bietet mit der Dame Schach und bedroht zugleich den Springer. Der Gegner muß den König schützen und verliert deshalb seinen Springer. Auch Schach-Matt ist nur durch doppelte Bedrohung zu erreichen: Eine Figur bedroht den König, die andere sorgt dafür, daß

 dieser auch dort im Schach steht, wo er der ersten ausweichen könnte. Wie der König auch zieht, er bleibt in der Schußlinie. Ähnlich geht es dem Mühlespieler, wenn der Gegner eine Zwickmühle hat: Was er auch unternimmt, er verliert nach jedem Zug einen Stein.
Was die Kommunikationsforschung als „Doppelbindung" („double bind") bezeichnet, entspricht im menschlichen Verhalten genau dieser doppelten Bedrohung bei Schach und Mühle. Watzlawick beschreibt die Bestandteile einer Doppelbindung folgendermaßen:

„1. Zwei oder mehrere Personen stehen zueinander in einer engen Beziehung, die für einen oder auch alle von ihnen einen hohen Grad von physischer und/oder psychischer Lebenswichtigkeit hat. Derartige Situationen ergeben sich u.a. in Familien (besonders zwischen Eltern und Kindern), in Krankheit, Gefangenschaft, materieller Abhängigkeit, Freundschaft, Liebe, Treue zu einem Glauben, einer Sache oder einer Ideologie, in durch gesellschaftliche Normen oder Traditionen bedingten Lagen, der psychotherapeutischen Situation usw.

2. In diesem Kontext wird eine Mitteilung gegeben, die a) etwas aussagt, b) etwas über ihre eigene Aussage aussagt und c) so zusammengesetzt ist, daß diese beiden Aussagen einander negieren bzw. unvereinbar sind. Wenn also die Mitteilung eine Handlungsaufforderung ist, so wird sie durch Befolgung mißachtet und durch Mißachtung befolgt; handelt es sich um eine Ich- oder Du-Definition, so ist die damit definierte Person es nur, wenn sie es nicht ist, und ist es nicht, wenn sie es ist...

3. Der Empfänger dieser Mitteilung kann der durch sie hergestellten Beziehungsstruktur nicht dadurch entgehen, daß er entweder über sie metakommuniziert (sie kommentiert) oder sich aus der Beziehung zurückzieht. Obwohl also die Mitteilung logisch sinnlos ist, ist sie eine pragmatische Realität: Man kann nicht *nicht* auf sie reagieren, andererseits aber kann man sich ihr gegenüber auch nicht in einer angebrachten (nichtparadoxen) Weise verhalten, denn die Mitteilung selbst ist paradox." (Watzlawick 196)

Bach/Bernhard bezeichnen die Doppelbindung als eine „verrücktmachende" Verhaltensweise, da sie, besonders bei Kindern, schwere seelisch-geistige Störungen verursachen kann. „Der Agierende manipuliert sein Opfer in die Ecke, so daß alles, was der andere tut, falsch ist, und er auch für alles beschuldigt wird, was er nicht tut" (Bach/Bernhard 158). Eingefahrene Doppelbindungs-Beziehungen können meist nur durch einen fachlich ausgebildeten Berater oder Therapeuten in Ordnung gebracht werden. Die folgenden Beispiele mögen aber dazu beitragen, auf diese gefährliche Kommunikationsform aufmerksam zu werden und sie bei sich selbst und bei anderen abzubauen, soweit die Betreffenden für eine Korrektur aufgeschlossen sind.

Der Vater zu seinem Kind: „Willst du der Mutter keinen Gute-Nacht-Kuß geben?"
Das Kind gehorcht und küßt die Mutter.
Die Mutter, indem sie sich die Wange abwischt: „Mußt du denn immer so feucht küssen?"
Was das Kind auch tut, es fällt in Ungnade. Es kann sich weigern, die Mutter zu küssen, oder gehorchen. In jedem Fall ist man mit ihm unzufrieden.

Die Eltern zu ihrer heranwachsenden Tochter: „Du mußt jetzt allmählich selbständiger werden und nicht mehr so abhängig von uns sein. Wir wollen dir auch gern dabei helfen!"
Die Hilfe, die die Eltern anbieten, bedeutet für die Tochter, daß sie gerade die Selbständigkeit, die die Eltern wünschen, eben nicht selbständig schafft.

Der Lehrer zu einem Schüler: „Warum hast du deine Hausaufgaben nicht gemacht?"
Der Schüler (a): „Ich mußte meine kleinen Geschwister beaufsichtigen."
Der Lehrer: „Das ist eine ganz fadenscheinige Ausrede! Du warst zu faul, das ist alles!"
Oder:
Der Schüler (b): „Ich war zu faul!"
Der Lehrer: „Hört euch das an! Er gibt seine Faulheit auch noch zu und hat nicht einmal eine Entschuldigung!"
Gleich, ob der Schüler die Antwort a oder b gibt, er wird immer ins Unrecht gesetzt.

Ein Mann zu seiner Frau: „Was du da erzählst, ist nicht wahr. Du lügst mich an."
Die Frau: „Ich habe dich nicht angelogen."
Der Mann: „Ich wußte ja, daß du es nicht zugeben würdest, daß du mich angelogen hast."

Ein Politiker, der seine Verantwortung ernst nimmt, gerät leicht in eine Zwickmühle zwischen seiner politischen Überzeugung und den Wählern. Er sieht, daß eine bestimmte Aufgabe dringend durchgeführt werden muß. Die Gegenpartei hat andere Pläne, die sie den Wählern schmackhaft zu machen versteht. Um seine Aufgabe zu erfüllen, braucht er die Macht, d.h. er muß die Wahl gewinnen. Wenn er aber der Öffentlichkeit seine Pläne bekanntgibt, muß er fürchten, daß er nicht gewählt wird. Wenn er sie verheimlicht und nach der Wahl dennoch durchführen will, wird ihm Irreführung der Wähler vorgeworfen. Diese Doppelbindungssituation scheint mir ein Grund zu sein für die Unsachlichkeit vieler Wahlkämpfe. Sie zeigt, daß auch unsere demokratische Grundordnung von der Spielregelkritik nicht ausgeschlossen werden darf, auch wenn wir gegenwärtig keine bessere Regel kennen als das freie, allgemeine Wahlrecht.

Doppelbindungen aus den Evangelien

Die Evangelien des Neuen Testaments überliefern uns eine Reihe von Auseinandersetzungen zwischen Jesus und seinen Gegnern, bei denen diese ihn mit der Doppelbindungs-Taktik angreifen. So lesen wir in der Geschichte vom Zinsgroschen (Matth. 22, 15–22), daß die Pharisäer beraten, wie sie Jesus „eine Falle stellen" könnten. Sie tun sich zu diesem Zweck mit den Herodianern zusammen, deren Meinung zur Steuerfrage der des Volkes, besonders der Zeloten, entgegengesetzt ist. Die Zeloten verurteilen die Zahlung der Steuer an den Kaiser als Gotteslästerung, Herodes und seine Leute sind aber vom Kaiser eingesetzt. Die Frage, ob man die Steuer bezahlen soll oder nicht, muß also unausweichlich dazu führen, daß sich Jesus bei einer der beiden Parteien unbeliebt macht. Antwortet er „ja", verurteilen ihn die Zeloten. Antwortet er „nein", verfolgen ihn die kaisertreuen Herodianer.
Nun kommt diese doppelte Delegation zu Jesus und beginnt mit ihm zu reden, als ob sie von einem maßgeblichen Lehrer des Gesetzes eine gültige Antwort wünschte: „Meister, wir wissen, daß du wahrhaftig bist und lehrst den Weg Gottes recht und fragst nach niemand..." Wir können hier gleichzeitig eine verdeckte Transaktion beobachten, denn das eigentliche Anliegen der Kommission ist ja nicht die Auskunft, nach der sie fragt, sondern der hinterhältige Versuch, den Kampf gegen diesen Mann zu gewinnen. Jesus allerdings durchschaut ihren Plan. Zunächst entzieht er sich der Doppelbindung, indem er über das Vorgehen der Delegation metakommuniziert: „Ihr Heuchler, was versucht ihr mich?" Damit ist die verlogene Art der Kontaktnahme ausgesprochen und aufgedeckt, und Jesus kann seine Antwort auf die gestellte Frage geben,

die ja ihre Berechtigung hat, auch wenn sie zu einem ganz anderen
Zweck an ihn herangetragen worden ist. Er tut es, indem er die Alternative „Steuer – ja oder nein?", die den erbitterten Kampf zwischen den Zeloten und den Vertretern des römischen Reiches widerspiegelt, der umfassenden Frage unterordnet, wem wir selbst gehören, und wem wir uns selbst geben wollen: „Gebt dem Kaiser zurück, was dem Kaiser zusteht, und Gott, was Gott zusteht."
Ähnlich ist die Situation in der Erzählung von der Ehebrecherin (Joh. 8, 1–11). Auch hier „versuchen" die Schriftgelehrten und Pharisäer Jesus, indem sie ihm eine legal zum Tod verurteilte Frau vorführen und nach seiner Meinung fragen, ob das Urteil vollstreckt werden soll. Bejaht er, so widerspricht er seiner eigenen Verkündigung von der Barmherzigkeit Gottes. Verneint er, so stellt er sich gegen das Gesetz. Jesus sprengt auch hier die Doppelbindung, indem er eine neue Regel aufstellt, die über die Alternative „Hinrichten oder nicht" hinausgeht: „Wer unter euch ohne Sünde ist, der werfe den ersten Stein auf sie." So bezieht er die Ankläger in den Prozeß ein, und es findet sich keiner, der mit der Hinrichtung beginnt.

Einmal fängt Jesus seine Gegner in ihrer eigenen Schlinge und wehrt ihre Doppelbindung durch eine neue Doppelbindung ab. Die Hohenpriester und Ältesten fragen ihn nach seiner Vollmacht (Matth. 21, 23–27). Sagt er, er habe sie von Gott, werden sie es ihm als Gotteslästerung auslegen. Sagt er aber etwas anderes, so werden sie ihm künftig sein Reden und Handeln verbieten können.
Jesus kontert mit einer Gegenfrage: „Ich will euch auch ein Wort fragen; wenn ihr mir das sagt, will ich euch auch sagen, aus was für Vollmacht ich das tue: Woher war die Taufe des Johannes? War sie vom Himmel oder von den Menschen?" Diese Frage bringt die Hohenpriester in Verlegenheit, in dieselbe Verlegenheit, in die sie eigentlich Jesus bringen wollten: „Sagen wir, sie sei vom Himmel gewesen, so wird er zu uns sagen: Warum glaubtet ihr ihm denn nicht? Sagen wir aber, sie sei von Menschen gewesen, so müssen wir uns vor dem Volk fürchten, denn sie halten alle Johannes für einen Propheten." So hat Jesus erreicht, daß die Art der Auseinandersetzung von seinen Gegnern geklärt werden muß. Würden sie sich auf das Risiko einer offenen Antwort einlassen, so könnte auch Jesus eine offene Antwort geben. Aus der Fallenstellerei könnte ein ernsthaftes Gespräch werden. Aber die Gegner lassen sich darauf nicht ein. So bleibt es bei einem Unentschieden in dem Machtkampf, der der Sache Jesu nicht entspricht.

Die letzte Doppelbindung der Gegner Jesu hat nach menschlichen

 Maßstäben ihr Ziel erreicht. Bei der Gerichtsverhandlung fragt der Hohepriester: „Bist du der Christus?" (Mark. 14, 61). Jesus antwortet: „Ich bin's." Darauf der Hohepriester: „Was bedürfen wir weiter Zeugen? Ihr habt die Gotteslästerung gehört!" So wird Jesus zum Tod verurteilt. Während der weiteren Verhandlungen schweigt Jesus. Jedes Wort würde bedeuten, daß er das doppelbödige Spiel seiner Henker mitspielt und sie in ihrem scheinbar legitimen Regelsystem bestätigt. In seinem Schweigen führt er seine Spielregelkritik zuende, die er mit seinen Worten und Taten begonnen hat. Und mit seiner Auferstehung beginnt das neue Leben, das alle Winkelzüge menschlicher Machtkämpfe sprengt und die Verheißung der neuen Gemeinschaft zwischen Gott und den Menschen hat, in der keiner mehr betrogen, ausgestoßen und krank gemacht wird.

Spielregelkritik, die von dieser Hoffnung motiviert ist, gehört zu den wesentlichen Aufgaben der Christen. Sie trifft die Verhaltensregeln des Privatbereichs ebenso wie die der Gesellschaft, des Staates und der Weltpolitik. Sie trifft selbstverständlich auch alle Spielregeln, die in diesem Buch angeboten werden.

Ich möchte das Kapitel über die Entwicklung von Spielregeln nicht abschließen, ohne auf das kürzlich erschienene Spiel DUO hinzuweisen, das Ehepaaren und Verlobten zur Klärung und Verbesserung ihrer Beziehung helfen kann. DUO besteht aus 85 Karten, auf denen je eine gängige Feststellung über Ehe und Partnerschaft geschrieben steht. Die Partner sortieren die Karten danach, ob sie dem jeweiligen Satz zustimmen, ihn ablehnen oder unentschieden sind. Anschließend diskutieren sie ihre Stellungnahmen, vor allem wenn die Meinungen nicht übereinstimmen. So können Verlobte ihre verschiedenen Ehekonzepte vergleichen und eine von beiden akzeptierte Form des Zusammenlebens erarbeiten, und auch Ehepaare, die miteinander in Schwierigkeiten geraten sind, können durch das Spiel auf ihr unterschiedliches Eheverständnis aufmerksam werden und gemeinsam nach neuen Regeln suchen. Auf der Rückseite der Karten können sie anschließend die Meinung eines Eheberaters lesen und in ihre Überlegungen mit einbeziehen. DUO ist zunächst für die Eheberatung konzipiert, kann aber auch von Partnern allein oder von Gruppen gespielt werden.

V. Taktik

Wer mit einer Gruppe spielt, bedient sich einer Taktik; d.h. er mobilisiert in der Gruppe vorhandene Kräfte und kombiniert ihre wechselseitige Wirkung so, daß sie auf ein bestimmtes Ergebnis zusteuern. Der Spielleiter kann auf Taktik nicht verzichten. Seine Aufgabe ist es vielmehr, sie bewußt und verantwortlich zum Nutzen der Gruppe einzusetzen.

Am Ende des letzten Kapitels haben wir uns mit Taktiken befaßt, die einer offenen Klärung von Beziehungen im Weg stehen und die Gemeinschaft stören. Es könnte der Eindruck entstehen, als müßten wir jedes taktische Vorgehen als eine zweifelhafte und unehrliche Kommunikationsform grundsätzlich ablehnen. Taktik hat etwas mit Manipulation zu tun, und Manipulation wird heute allgemein als menschenunwürdiges Verhalten verurteilt. Wir wollen es nicht hinnehmen, daß einer seinen Partner, sein Kind, eine Gruppe oder ein Volk durch undurchsichtige Tricks zu Verhaltensweisen veranlaßt, die nicht dem durchdachten Entschluß der Betroffenen entspringen.
Nun kommt aber kein Pädagoge und kein Gruppenleiter daran vorbei, daß seine Klasse oder Gruppe eben meistens nicht aus eigenem, freiem Entschluß den Weg beschreitet, zu dem er sie anleiten soll und will. Die meisten Schüler sind nicht von selbst motiviert, etwas zu lernen, und auch Erwachsene stellen dem Gruppenleiter Widerstände entgegen, wenn er versucht, die Funktionsfähigkeit der Gruppe zu verbessern. Gerade wenn sein Ziel ist, die Gruppe zu selbständigem, nicht manipuliertem Arbeiten anzuleiten, genügt es nicht, wenn er dies der Gruppe einfach bekanntgibt. Die in Selbstverantwortung ungeübte Gruppe wird dadurch nicht frei und unabhängig, sondern sie wird ihrerseits versuchen, den Leiter in die gewohnte Führerrolle hineinzumanipulieren.
Nun hat jeder erfolgreiche Pädagoge und Gruppenleiter seine Taktiken, um den Lern- und Gruppenprozeß zu steuern, ob ihm das klar ist oder nicht. Und es ist besser, er ist sich dessen bewußt und gibt sich selbst Rechenschaft über die Taktik, die er anwendet, als daß er so tut, als hätte er keine. Z.B. schaffen manche Lehrer in ihrer Klasse ein günstiges Arbeitsklima, indem sie am Anfang des

 Schuljahres besonders streng gegen jegliche Störung vorgehen, um dann, wenn sich die Disziplin eingespielt hat, locker und unbelastet von ständigen Mahnungen unterrichten zu können. Sie verwenden also den Druck der Strafen dazu, um später nicht mehr strafen zu müssen; sie erzeugen Angst bei den Schülern, um später die Angst aus dem Klassenzimmer verbannen zu können. Sie würden ihr Ziel nicht erreichen, wenn sie der Klasse erklären würden: „Ihr braucht keine Angst zu haben, ich bestrafe euch nicht.“ Wohl wissend, daß sie damit Schiffbruch erleiden würden, verwenden sie eine Taktik, zum Wohl aller Beteiligten.
Ebenso bedient sich mancher Gruppenleiter einer Taktik, wenn er an Anfang die von ihm erwartete Rolle des Bescheid wissenden und Anweisungen erteilenden Führers verweigert und stattdessen schweigt. Sein Ziel ist es wohl, seine Kenntnisse in die Gruppe einzubringen, aber er weiß, daß die Teilnehmer mehr davon haben, wenn sie in eigener Verantwortung damit umgehen und sich nicht die Gestaltung des Lernprozesses vom Leiter abnehmen lassen. So tut er zunächst so, als hätte er nichts zu sagen, damit er später im Rahmen einer gemeinsamen Arbeit etwas zu sagen hat. Auch Spiele sind taktische Eingriffe in den Gruppenprozeß, und wir tun gut daran, uns klar zu machen, was wir damit bewirken.

Kampftaktik und Spieltaktik

„Taktik“ ist ursprünglich ein militärischer Begriff. Er bezeichnet die Planung und Durchführung eines Angriffes, der dem Gegner bei möglichst geringen eigenen Verlusten einen möglichst empfindlichen Schlag versetzt. Die berühmteste historische Kriegstaktik ist die des Odysseus im Kampf um Troja. Ihm gelang es nicht nur, die Gegner an einem schwachen Punkt anzugreifen, sondern er erreichte sogar, daß die Trojaner ihre Feinde im Bauch des Pferdes eigenhändig in die Stadt beförderten. Odysseus wußte die Kräfte seiner Gegner so geschickt zu lenken, daß diese selbst die entscheidende Arbeit zu ihrer eigenen Niederlage leisteten.
Die Taktik des Gruppenleiters hat mit der Kriegstaktik einiges gemeinsam, auch wenn sie andere Ziele verfolgt:

(1) *Der Taktiker schätzt die vorhandenen Kräfte ein – seine eigenen und die der Gruppe.* Er überlegt, welche Bewegungen entstehen, wenn diese Kräfte mobilisiert werden, d.h. er rechnet mit der Dynamik, die in der Gruppe herrscht. Die treibenden Kräfte, die vor allem bei Auseinandersetzungen und bei Spielen den Prozeß in

Gang bringen, sind Macht, Aggression und Angst. Daneben spielen noch weitere Faktoren eine Rolle, z.B. Sympathie und Antipathie, Sexualität, Neugier und nicht zuletzt der Spaß am Spiel.

Bei der *Macht* geht es darum, daß einer etwas ist, kann oder hat, womit er sich durchsetzen kann. Der eine sagt seine Meinung, und alle hören auf ihn, der andere wird ignoriert. Der eine hat Geld, der andere nicht. Der eine ist stark, und keiner wagt sich an ihn heran, der andere ist schwach und muß sich mit großen Anstrengungen verteidigen. Ein bestimmtes Maß an Macht hat jeder, sonst könnte er sich nicht am Leben erhalten. Macht ist also nicht gleichzusetzen mit ihrer pervertierten Form, der Tyrannei.

Auch die *Aggressionen* sind nicht nur dort wirksam, wo einer den andern vernichtet. Sie bringen Veränderungsprozesse in Gang und sorgen dafür, daß untragbare Zustände diskutiert und Probleme „in Angriff genommen" werden (vgl. die Ausführungen zum FAIREN STREIT, S. 72ff).

Die *Angst* verhindert, daß wir uns Gefahren aussetzen, denen wir nicht gewachsen sind. Man sollte sie also in jedem Fall als Warnsignal ernst nehmen. Andererseits blockiert die Angst notwendige Schritte, so daß wir nicht daran vorbei kommen, ein gewisses Maß an Angst auszuhalten, wenn wir vorankommen wollen. Die Angst treibt uns in die Flucht oder in die Verteidigung, sie kann also bewirken, daß wir auf Macht oder offene Aggression verzichten, oder daß wir unsere Macht vergrößern und die anderen mit scharfen Angriffen zurückschlagen.

Liebe und *Sympathie,* auch *Sexualität* im weitesten Sinn, können in einer Gruppe Bündnisse und Cliquen erzeugen und so die Machtverteilung, die Aggressionen und die Ängste beeinflussen. Paare sind mächtiger als Einzelne; wer allein unter lauter Cliquen gerät, hat Angst, ein Außenseiter zu bleiben. Es können sich aber auch die Männer gegen die Frauen zusammenschließen zu einem „Kampf der Geschlechter".

Die *Neugier* ist besonders für spielende Gruppen von Bedeutung. Man erwartet mit Spannung den Ausgang des Spiels, und man gesteht es dem Spielleiter um dieser Spannung willen auch zu, die Taktik des „versteckten Trumpfs" anzuwenden und am Anfang nur soviel zu sagen, wie für die Durchführung des Spiels notwendig ist. Viele Spieler fragen z.B. am Ende eines Entscheidungsspiels zuerst nach den Rollenanweisungen der anderen Spieler, auf deren Kenntnis sie am Anfang verzichten mußten. So ist die Neugier ein wesentlicher Faktor für den *Spaß am Spiel*, und dieser Spaß ist überhaupt die Voraussetzung dafür, daß der Spielleiter mit seinem Vorschlag ankommt.

(2) *Der Taktiker richtet seine Kraft nicht frontal gegen die Kräfte der Gruppe, sondern er versucht die in der Gruppe wirksamen Kräfte so zu lenken und zu koordinieren, daß diese selbst auf das Ziel zusteuern, das er erreichen will.*
Das Gegenteil eines Taktikers wäre z.B. ein Gruppenleiter, der unter größten eigenen Anstrengungen den trägen Haufen, der da vor ihm sitzt, antreibt und anschiebt, bis die Leute sich endlich bequemen, ihm den Gefallen zu tun und mitzumachen. Das Urbild eines geschickten Taktikers ist das tapfere Schneiderlein aus dem Märchen. Es hat den Auftrag bekommen, zwei gefährliche Riesen unschädlich zu machen. Ein Frontalangriff wäre aussichtslos. Aber der schlaue Schneider versteht es, die Riesenkraft seiner Gegner für sein eigenes Ziel einzusetzen. Er steigt auf den Baum, unter dem die Riesen schlafen, und wirft ihnen abwechselnd Steine auf den Bauch. Die Riesen geraten in Wut, gehen aufeinander los, und das Schneiderlein kann zusehen, wie sie selbst den Auftrag erledigen, der ihm gestellt war.
Auf ähnliche Weise arrangiert ein geschickter Spielleiter eine Auseinandersetzung unter den Spielern, an der er sich selbst gar nicht beteiligen muß. Seine Arbeit ist es, durch die Spielvorlage und die Regeln die Kräfte der Gruppe so aufzubauen, daß der Prozeß in Gang kommt. Alles Weitere besorgen die Spieler selbst.

(3) *Der Taktiker verrät seine Taktik nicht.* Das tapfere Schneiderlein wäre verloren gewesen, wenn die Riesen gemerkt hätten, was es da oben auf dem Baum treibt. Zu jeder Taktik gehört ein Geheimnis, das nur der Taktiker selbst kennt. Viele Spiele würden in sich zusammenfallen, wenn der Leiter gleich zu Beginn erklären würde, was er bezweckt und zu welchem Ergebnis die Spieler kommen sollen. Freilich gibt es hier Unterschiede zwischen den taktischen Spielen im engeren Sinn (S. 128) und Spielen, bei denen der Gruppe von vornherein bekannt ist, daß sie bestimmte Erfahrungen vermitteln sollen (z.B. KÖRPERSPRACHE, S. 42). Aber auch hier weiß ja am Anfang noch niemand, wie diese Erfahrungen aussehen werden, und es würde dem Spiel schaden, wenn der Spielleiter seine eigenen Erfahrungen auf diesem Gebiet vorweg mitteilen würde.

Bei aller formalen Ähnlichkeit mit kriegerischen Taktiken weist allerdings die Taktik, um die es uns geht, entscheidende Unterschiede auf:

(1) Unser Ziel kann niemals sein, den „Gegner“ zu vernichten, zu demütigen oder zu ängstigen. Vielmehr wollen wir der Gruppe mithilfe unserer Taktik neue Möglichkeiten eröffnen, Erkenntnisse fördern, Probleme lösen und ein besseres Zusammenspiel einüben. Wir wollen der Gruppe und den Einzelnen dazu verhelfen, mit der Macht, den Aggressionen, der Angst und mit all den anderen Kräften, die sie bewegen, bewußter und sinnvoller umzugehen.
Es geht uns nicht darum, den Teilnehmern ihre *Macht* zu nehmen, sondern ihnen zu helfen, ihre Fähigkeiten und Begabungen zu kennen und auszunützen, nicht als Macht um der Macht willen, sondern in der Verantwortung für die Gemeinschaft, so daß auch der Machtlose die Chance bekommt, seine Möglichkeiten zu entfalten.
Es geht uns auch nicht darum, *Aggressionen* zu unterbinden, sondern den Mut zu fördern, Schwierigkeiten „anzugreifen“ und Spannungen durch offene Konfrontation zu bewältigen. Die *Angst* wollen wir nicht als Mittel unserer eigenen Macht einsetzen, sondern wir versuchen, zum Risiko ungewohnter Verhaltensweisen zu ermutigen, damit Vertrauen wachsen kann.
Unser Ziel ist also gerade das Gegenteil von kriegerischen Unternehmungen, nämlich Liebe und partnerschaftlichen Umgang, Zusammenarbeit und gegenseitiges Verstehen zu ermöglichen und Fehlhaltungen zu korrigieren, die die Gruppe hierbei blockieren. Es muß uns dabei bewußt sein, daß man Liebe, Glauben und Vertrauen auch mit der besten Taktik nicht „machen“ kann. Wohl aber können wir versuchen, durch die Steuerung des Gruppenprozesses günstigere Voraussetzungen zu schaffen, daß diese Kräfte wachsen können. Spiele leisten uns hierbei einen zweifachen Dienst: Sie stellen uns eigene Fehlhaltungen deutlicher vor Augen und helfen sie dadurch zu beseitigen, und sie bilden ein Trainingsfeld, um mit unseren Kräften anders umzugehen als bisher.

(2) Ein zweiter, wesentlicher Unterschied zur militärischen Taktik besteht darin, daß unser „Gegner“ mit unserer Taktik einverstanden ist. Wir können ja niemanden zum Spielen zwingen, sondern nur ein Angebot machen. Läßt sich die Gruppe darauf ein, so ist sie auch bereit, sich vom Spiel überraschen zu lassen. Sie weiß, daß

 man bei einem Spiel nicht alles von vornherein wissen kann und riskiert das Mitspielen, ohne dem Spielleiter sein Geheimnis übelzunehmen. Im Gegenteil, gerade das Geheimnis erzeugt die spezifische Spannung eines guten Spiels.

(3) Schließlich kann der Spielleiter am Schluß bei fast allen Spielen die Karten offen auf den Tisch legen. Die Taktik kann besprochen und in die Auswertung einbezogen werden. Hierbei kann auch der Spielleiter von der Gruppe erfahren, ob sie seine Taktik als angebracht oder als hinterhältig empfunden hat. Die Rückmeldung, daß sich die Teilnehmer böse hereingelegt fühlen, sollte ihn veranlassen, seine Taktik zu überprüfen.

Im Folgenden soll die Taktik, die bei Spielen angebracht ist, an drei Punkten genauer untersucht werden: Es geht 1. um taktische Spiele im engeren Sinn, 2. um die Entwicklung einer Spielvorlage und 3. um die Frage, wie man am geschicktesten einer Gruppe ein Spiel anbietet.

V./1. Taktische Spiele

18 Der Vierte Mann

Ein schwieriges Problem in vielen Gruppen stellen die sogenannten Außenseiter dar, also Gruppenmitglieder, die mit dem Einfluß der anderen nicht mithalten können und entweder völlig unbeachtet am Rand stehen oder als Prügelknaben alle Schläge und Stiche abkriegen, die man anderswo nicht los wird. In freien Gruppen steht diesen Leuten der Rückzug offen. Wenn sie den Anschluß nicht finden, bleiben sie einfach weg. Sie suchen sich einen anderen Kreis, in dem man sie gelten läßt, oder sie geben es auf und werden Einzelgänger. Aufmerksame Gruppen und Leiter achten auf dieses stumme Signal des Wegbleibens, fragen sich selbst nach den Gründen und versuchen, den Kontakt wieder herzustellen.
Anders ist die Situation in Gruppen, die man nicht ohne weiteres verlassen kann, wie z.B. in Schulklassen oder Konfirmandenkreisen. Hier ist der Außenseiter gezwungen, täglich oder wöchentlich da zu sein, und er muß immer neu erfahren, daß er nicht richtig dazugehört. Da ihm der Rückzug aus der Gruppe versperrt ist,

zieht er sich in sich selbst zurück, was wiederum die anderen darin bestätigt, daß man mit so einem nichts anfangen kann.
Ohne Zweifel wäre es außerordentlich wichtig, den Außenseiter aus seiner Isolation zu befreien – nicht nur um seiner selbst willen, sondern auch um der Gruppe willen. Es wäre ein Trugschluß, zu glauben, daß der Außenseiter dumm, einfallslos und unbrauchbar wäre und deshalb in diese hoffnungslose Position geraten wäre. Meist stecken in ihm erhebliche Begabungen und Fähigkeiten, die die Gruppe bereicherten, wenn er sie einbringen könnte. Aber was soll der Gruppenleiter anstellen, um das zu erreichen? Wenn genügend Vertrauen in der Gruppe gewachsen ist, kann das Problem des Außenseiters zur Sprache kommen und bearbeitet werden. In der Regel fehlt es aber einer Gruppe, die ein Mitglied ausschließt, am nötigen Vertrauen. So muß der Gruppenleiter befürchten, daß er durch eine offene Aussprache die Lage des Außenseiters nur verschlimmert. Er wird bestenfalls herablassendes Mitleid zu spüren bekommen, das ihn in seiner Sonderstellung bestätigt, statt ihn zum gleichwertigen Partner zu machen.

Eine Gruppe von Pfarrern, die sich über dieses Dilemma Gedanken machte, entwickelte als Starthilfe für den Außenseiter das Spiel DER VIERTE MANN. Seine Taktik besteht darin, die „Mächtigen" in der Gruppe gegeneinander auszuspielen und dem Machtlosen eine Schlüsselstellung zu geben, ohne daß die Gruppe merkt, was gespielt wird. Es ist also ein Spiel ohne Auswertung und Erklärung. Es wird der Gruppe ohne die Andeutung eines Nutzeffektes angeboten. Sie spielt es, weil es ihr Spaß macht.
Der Außenseiter muß zunächst in die Rolle manöveriert werden, die ihm seine Machtstellung im Spiel gewährleistet. Auch hier wäre es taktisch unklug, wenn der Spielleiter ihm selbst die richtige Rolle zuteilen würde. Deshalb sorgt er dafür, daß dies die Gruppe tut. Er zählt zunächst die Teilnehmer. Es müssen so viele sein, daß einer übrig bleibt, wenn sich alle zu Dreiergruppen zusammenschließen, also z.B. 4 mal 3 + 1 = 13 Spieler. Sind ein oder zwei Spieler zu viel da (z.B. 14 oder 15), so erklärt er zunächst diese Überzähligen zu Beratern und schließt sie vom folgenden Wahlvorgang aus. Nun fordert er die Spieler auf, sich jeweils zu Dreien zu verbünden. Einer bleibt übrig. Es ist der Außenseiter. Sollte ein anderer übrig bleiben, bei dem es der Spielleiter nicht erwartet hätte, so hat er sich offenbar getäuscht: Der, den er für den Außenseiter gehalten hat, ist von wenigstens Zweien als Verbündeter akzeptiert worden. Das Spiel wird ihm auch in dieser Dreiergruppe gut tun.

Nun erklärt der Spielleiter die Handlung: Jede Dreiergruppe stellt ein Gangsterteam dar. Allen ist bekannt, daß sich in den nächsten Tagen die Gelegenheit für einen ganz großen Coup ergeben wird: In einem Tresor, der für gelernte Verbrecher kinderleicht zu knakken ist, lagert Schmuck im Wert von 600 000 DM. Der Spielleiter zeigt den „Schmuck" vor in Form von 6 Tafeln Schokolade o.ä. Jede Tafel entspricht dem Wert von 100 000 DM, und die Bande, die das Ding erfolgreich dreht, darf die Beute unter sich verteilen, natürlich entsprechend der vereinbarten Prozente.
Nun hat aber die Sache einen Haken: Man braucht für diesen Einbruch vier Leute:

Einen Tresorknacker,
einen Fachmann für Alarmanlagen,
einen Fahrer, der auch den Wagen besorgt, und
einen Goldschmied, der den Schmuck umschmiedet, damit man ihn zu Geld machen kann.

Den Plan kann also nur die Gruppe durchführen, die einen vierten Mann engagiert. Und dieser vierte Mann ist der Einzelne, der übriggeblieben ist.
Alle Dreiergruppen müssen also versuchen, diesen Mann für ihr Vorhaben zu gewinnen. Sie schreiben ihm ihre Angebote: Welche Aufgabe sie ihm zuteilen wollen, mit wieviel Prozent er beteiligt sein soll usw. Der „vierte Mann" sitzt in einem Nebenzimmer und liest in Ruhe alle Briefe durch. Seine Berater (u.U. kann ihn auch der Spielleiter beraten) besprechen die Angebote mit ihm, halten ihn davon ab, zu voreilig darauf einzugehen, beurteilen mit ihm die Vertrauenswürdigkeit der Absender. Der „vierte Mann" kann brieflich Rückfragen stellen, andere Bedingungen heraushandeln und sich überhaupt mit seiner Entscheidung Zeit lassen. Schließlich sagt er dem Team mit dem besten und vertrauenswürdigsten Angebot zu. Diese Gruppe hat gewonnen und teilt mit ihrem vierten Mann die Beute. Zuletzt werden alle Briefe vorgelesen, und der „vierte Mann" kann, wenn er will, seine Entscheidung begründen.
Bei großen Gruppen kann man natürlich aus den Dreiergruppen auch Vierer- oder Fünfergruppen machen, indem man etwa noch einen Hehler und einen Fassadenkletterer für die Durchführung des Planes erforderlich macht.

Selbstverständlich gibt uns dieses taktische Spiel kein Zaubermittel in die Hand, mit dem wir das schwierige Problem des Außenseiters schlagartig lösen könnten. Was es leisten kann, ist zunächst eine halbe Stunde, in der andere Machtverhältnisse gelten als sonst. Aus

dem unbeachteten Randsiedler wird – für diese halbe Stunde – die Zentralfigur, um deren Gunst sich alle bemühen. Das ist jedenfalls für den Außenseiter ein ermutigendes Erlebnis und für die Gruppe eine Gelegenheit, auf ihn aufmerksam zu werden.
Ob er seine Chance nützt, so daß sich seine Position nachhaltig verändert, das steht nicht mehr in der Macht des Spiels. Taktik kann nur vorhandene Kräfte mobilisieren, nicht fehlende Kräfte ins Leben rufen. Möglich ist es allerdings, daß der Außenseiter durch dieses Spiel Freunde gewinnt, die ihm den Anschluß an die Gruppe erleichtern.

Analyse der Taktik

Wie sieht nun die Taktik aus, mit der wir dieses Ziel zu erreichen versuchen? Wir können sie aus der Spielvorlage ablesen und anhand der drei taktischen Schritte (S. 124ff) verfolgen:

(1) Voraussetzung für die Entwicklung des Spiels war der Einblick in die Dynamik von Gruppe und Außenseiter. Die Konstellation von Macht, Aggression und Angst dürfte dort etwa so aussehen: Einige einflußreiche Gruppenmitglieder führen das große Wort. Ihre *Machtposition* wird jeweils durch ihre Freunde unterstützt, die ihren Einfluß verstärken und gleichzeitig von der Machtstellung ihrer Clique profitieren. Auch die schwächste Clique hat immer noch etwas zu sagen. Der Außenseiter dagegen ist allein und darum machtlos.
Zwischen den Cliquen und ihren Anführern spielen sich mehr oder weniger *aggressive Auseinandersetzungen* ab. Sie dienen nicht nur dem Gewinner, sondern auch dem Unterlegenen als Bestätigung, denn man nimmt ihn ja immerhin als Gegner in diesem Machtkampf ernst. Mit dem Außenseiter kämpft man erst gar nicht. Er kriegt höchstens das ab, was von den Aggressionen zwischen den Cliquen abfällt. Er kann sich dagegen nicht wehren.
Das trostlose Schicksal des Außenseiters erzeugt bei den anderen die *Angst,* es könnte ihnen ebenso ergehen. Deshalb schließen sich gerade die Schwachen unter ihnen umso fester einer Clique an und vermeiden es, mit dem Außenseiter in freundschaftlichen Kontakt zu treten. Im Gegenteil: sie helfen mit, ihn auszuschließen, um ja nicht in den Verdacht zu geraten, sie wären so einer wie er.

(2) Eben diese Dynamik wird taktisch ausgenützt, um das Ziel zu erreichen. Zunächst bei der Bildung der Dreiergruppen: Freunde,

 die schon vorher derselben Clique angehörten, schließen sich zusammen und lassen den Außenseiter übrig. Damit haben sie ihn, ohne es zu wissen, in die mächtigste Position gebracht, die das Spiel bietet. Man kann auch damit rechnen, daß sich die Rivalitäten zwischen den Cliquen bei den Dreiergruppen fortsetzen werden. Keine „Gangsterbande" wird der anderen die Beute gönnen. Der Machtkampf um Gewinnen und Verlieren wird zugunsten des Machtlosen eingesetzt, verstärkt durch den Appetit auf die Schokolade, die als Siegespreis lockt. Einen weiteren Anreiz bildet die Fantasiewelt des Krimis, in die sich die Spieler versetzen, und der Spaß daran, möglichst originelle Briefe zu schreiben.
Die Siegergruppe wird nach diesem Wettkampf mit dem vierten Mann zusammen ihren Erfolg feiern. Wenn die anderen Gruppen ihn wegen seiner Entscheidung anfeinden, schadet das nichts. Im Gegenteil: die Sieger werden ihn verteidigen. Er hat also Anteil an der Auseinandersetzung der Cliquen und steht nicht mehr draußen. Die Angriffe der Gegner schließen ihn noch fester mit seiner Gruppe zusammen und machen ihn zu einem Gruppenmitglied, mit dem es zu streiten lohnt.

(3) Eine Gruppe, bei der dieses taktische Spiel angebracht erscheint, hat wenig Einblick in die eigene Dynamik. Sonst könnte sie das Aussenseiterproblem mit anderen Mitteln bearbeiten. Es wäre daher sehr problematisch, wenn der Spielleiter nach dem Spiel seine Taktik erklären würde. Was das Spiel dem Außenseiter erbracht hat, könnte dadurch wieder verloren gehen: Er würde die schmerzliche Entdeckung machen, daß er es offenbar nötig hat, daß der Leiter ihm auf die Beine hilft, und die Gruppe würde das Spiel als einen Änderungsversuch des Leiters aus ihrem eigenen Prozeß ausklammern. Der Spielleiter behält also sein Geheimnis für sich und wartet ab, was die Gruppe aus diesem Erlebnis macht. Er beschränkt sich darauf, Ansätze einer Profilierung des „vierten Mannes" kräftig zu unterstützen, z.B. indem er anerkennend bemerkt, daß jener schon sehr genau abgeschätzt hat, auf welche Gruppe er sich verlassen kann und auf welche nicht.

In anderen Situationen kann es allerdings durchaus möglich und nützlich sein, die Taktik nach dem Spiel zu besprechen. Das folgende Spiel ICH WILL ZU EUCH GEHÖREN setzt wie das letzte die Rivalität der Cliquen zugunsten eines Einzelnen ein. Es soll einem neuen Gruppenteilnehmer, der zum ersten Mal anwesend ist und sich noch fremd fühlt, zur Eingliederung in die Gemeinschaft helfen. Trotz der ähnlichen Taktik braucht hier nichts verschwiegen zu werden. Denn jeder wird einsehen und akzeptieren, daß eine solche Hilfe für den „Neuen“ und für die Gruppe gut ist.

Ich will zu euch gehören

19

Ein neuer Schüler kommt in die Klasse; eine kürzlich zugezogene Dame taucht zum ersten Mal im Frauenkreis der Gemeinde auf; ein Referent reist an und soll in einer Seminargruppe arbeiten, die durch die bisherigen Arbeitstage schon eine enge Gemeinschaft geworden ist. Jeder, der einmal in einer Gruppe der „Neue“ war, kennt dieses Gefühl der Fremdheit und die Mühe, die es kostet, hier heimisch zu werden. Gerade sehr eng zusammengewachsene Kreise zeigen oft wenig Geschick darin, ein neues Mitglied hereinzulassen, auch wenn sie betonen, wie sehr ihnen an solchem Zuwachs liegt. Das Spiel ICH WILL ZU EUCH GEHÖREN kann als ein „Aufnahmeritual“ den Eingliederungsprozeß erleichtern und in Gang bringen.
Der Spielleiter bittet die Gruppe, sich in drei bis fünf Untergruppen aufzugliedern. Die Größe der Untergruppen spielt keine Rolle. Diese setzen oder stellen sich so, daß der Eindruck von schwer einnehmbaren Festungen entsteht, z.B. indem sie die Stühle im Kreis eng zusammenrücken oder sich mit den Armen einhaken. Der Neuankömmling steht draußen und hat noch einige Minuten Pause. In dieser Zeit überlegen sich die Kleingruppen mehrere Fragen, die sie dem Neuen stellen wollen, wenn er zu ihnen kommt, z.B.: Macht dir Tanzen Spaß? Liebst du Mozart? Bist du gegen die Benzinsteuer? Ißt du gerne Pilze? Hast du bei der letzten Wahl die XY-Partei gewählt? Gehst du gern in die Sauna? Kannst du explodieren, wenn du gereizt wirst? Hast du Schuhgröße 40? Warst du schon einmal in Indien? Bist du eitel? usw. Die Fragen zielen auf persönliche Eigenarten des Unbekannten und müssen mit ja oder nein zu beantworten sein.
Wenn alle Gruppen eine Sammlung von Fragen vorbereitet haben, geht der Neue im Raum umher und beschaut die verschiedenen „Festungen“. Gefällt ihm eine, so lehnt er sich sozusagen über die „Burgmauer“ und sagt: „Ich will zu euch gehören.“ Damit beginnt er eine Runde, die in Frage und Antwort nach folgendem Schema abläuft:

Der Neue: „Ich will zu euch gehören."

↓

Die Gruppe: „Wir wollen erst wissen, ob dir Tanzen Spaß macht."

↓ → „Nein." (Runde beendet. Kein Punkt.)

Der Neue: „Ja, es macht mir Spaß."

↓

Der Neue: „Fragt ihr mich, weil
- euch allen
- einigen von euch
- nur einem von euch
- keinem von euch

Tanzen Spaß macht? "

↓ → „Nein." (Runde beendet. Kein Punkt.)

Die Gruppe: „Ja." (Runde erfolgreich beendet: Der Neue hat einen Pluspunkt bei dieser Gruppe.)

Die Gruppe beantwortet also den Aufnahmeantrag zunächst mit einer Gegenfrage. Muß sie der Neue mit nein beantworten, so muß er von vorne beginnen – bei einer anderen oder auch bei derselben Gruppe. Er kann natürlich auf eine indiskrete Frage auch erwidern: „Das geht euch nicht im Geringsten etwas an!" – und sich indigniert einer anderen Gruppe zuwenden. Wenn er die Frage aber bejaht, so geht die Runde weiter: Er muß jetzt erraten, warum die Gruppe gerade an diesem Punkt neugierig ist. Es kann sein, daß es zur Gruppennorm gehört, daß man Mozart liebt, daß also alle hier einig sind. Oder daß einige in der Gruppe gerne Pilze essen und einen gleichgesinnten für eine gepflegte Mahlzeit suchen. Oder daß nur einer oder gar keiner Indien bereist hat und gerade deshalb ein Indienkenner nützlich wäre. Der Neue fragt also zurück, ob eine dieser vier Möglichkeiten zutrifft. Erst wenn auch diese Rückfrage mit ja beantwortet ist, hat er einen Punkt bei dieser Gruppe.
Der Neue versucht sein Glück so lange, bis er bei einer Gruppe drei Punkte gewonnen hat. Dort wird er aufgenommen und gefeiert.

Durch die Taktik dieses Spiels erhält der Neue, der sonst zunächst machtlos einem geschlossenen Kreis gegenüberstehen würde, etwa ebensoviel Macht wie die anderen. Er kann sich die Gruppe aussuchen, bei der er sein Glück versucht. Eine Clique, die ihn mit boshaften Fragen ärgert, kann er links liegen lassen. Das trifft besonders solche Gruppen empfindlich, die sich raffinierte Fragen ausgedacht haben und natürlich auch loswerden wollen. Es liegt ihnen viel daran, daß der Neue zu ihnen kommt: Der Konkurrenzkampf wertet ihn auf und überwindet die Befangenheit dem Fremden gegenüber. Am Ende des Spieles ist er kein Fremder mehr, denn durch die Fragen sind ja allerlei Informationen ausgetauscht worden.

Bei einem anschließenden Gespräch kann der Gruppenleiter darauf hinweisen, daß dieses Aufnahmeritual den langsamen Prozeß der Eingliederung gleichsam im Zeitraffer abbildet. Wer neu in eine Gruppe kommt, stößt zunächst auf Abwehr und muß sich Mühe geben, die Schranken zu überwinden. Er muß mit mancher Abfuhr und Enttäuschung rechnen, bis es ihm gelingt, mit einigen Freundschaft zu schließen. Aber diese Arbeit lohnt sich: Sowohl die Freundschaft mit den einen als auch die Auseinandersetzung mit anderen bestätigen ihm, daß er jetzt dazugehört wie jeder andere in der Gruppe. Das Spiel ICH WILL ZU EUCH GEHÖREN geht diesen Schwierigkeiten nicht aus dem Weg, indem es sie etwa leugnen oder verharmlosen würde, sondern es packt sie zielstrebig an, damit die Integrationsarbeit möglichst rasch begonnen werden kann.

Taktik für Minderheiten

Die Taktik der beiden beschriebenen Spiele hatte das Ziel, einem benachteiligten Einzelnen zu einer gleichwertigen Stellung unter den anderen zu verhelfen. Hier taucht die Frage auf, ob man nicht auch für Minderheiten in unserer Gesellschaft ähnliche Taktiken finden könnte. Das Problem der Eingliederung von Gastarbeitern, Behinderten, Homosexuellen und Strafentlassenen ist bisher noch nicht befriedigend gelöst. Hier spielt Mitleid oft noch eine große Rolle, und Mitleid ist etwas anderes als Annahme. Man könnte es als Ablehnung mit umgekehrtem Vorzeichen bezeichnen. Der mitleidige Helfer signalisiert seinem „Opfer“, daß es von ihm abhängig ist und seine Sonderstellung behält. Er verhindert gleichwertige Partnerschaft.

Die Massenmedien haben in letzter Zeit vielfältige Versuche unternommen, die Probleme der Minderheiten ins Bewußtsein zu rücken. Es ist begrüßenswert, daß Funk, Fernsehen und Presse diese wichtige Aufgabe erkannt haben. Allerdings scheint mir die hierbei verwendete Taktik nicht immer sehr glücklich zu sein. Ich möchte drei Beispiele aus dem Fernsehen nennen und versuchen, ihre Dynamik zu bewerten:

(1) Werbesendung für die Schluckimpfung: Viele gesunde Menschen, Erwachsene und Kinder, bewegen sich fröhlich auf dem Bildschirm, laufen, spielen, lachen. Ein behinderter Junge humpelt schwerfällig hinterher, bleibt abseits vom fröhlichen Treiben. Sprecher (sinngemäß): „Er ist allein. Er kann nicht mitmachen. Er hatte Kinderlähmung. Schluckimpfung ist süß, Kinderlähmung ist grausam." Hier wird das Bild eines zwangsläufig ausgeschlossenen Behinderten gezeichnet. Die Angst, es könnte mir auch so gehen, soll mich zur Impfung motivieren. Diese Angst verstärkt aber gleichzeitig die Tendenz, sich Behinderte möglichst vom Leibe zu halten, zumal ihr Ausschluß aus dem Kreis der Gesunden überdeutlich demonstriert worden ist.

(2) Aufdeckung untragbarer Zustände und Anklage an die Gesellschaft: Diese Taktik scheint mir bei Sendungen über Minderheiten die gängigste zu sein. In bewegenden Bildern werden die Zustände in Gastarbeiterwohnungen, Kinder- und Altersheimen und Familien mit einem behinderten Kind aufgezeigt. Derartige Sendungen haben oft einen hohen Informationswert und bewirken zumindest, daß sich viele Zuschauer mit dem Problem eingehender befassen. Der verdeckt oder offen anklagende Charakter solcher „Enthüllungen" bringt uns aber den Betroffenen nur wenig näher. Entweder wir stimmen in die Klage über die „Gesellschaft" ein und merken nicht, daß wir selbst diese Gesellschaft sind, oder wir bekommen ein ungutes Gefühl, daß wir so wenig für diese armen Menschen tun, und das scheint mir eine recht ungünstige Basis für einen unbefangenen, partnerschaftlichen Umgang mit ihnen zu sein. Auch viele Predigten folgen dieser Anklage-Dynamik. Sie wollen die Gewissen aufrütteln, was ja gelegentlich durchaus sinnvoll sein kann, aber nutzlos bleibt, wenn die Hörer nicht auch konkrete Möglichkeiten einer Kontaktaufnahme angeboten bekommen. Ich fürchte, daß das durch einen solchen Appell entstehende schlechte Gewissen sich bestenfalls in Mitleid verwandeln kann.

(3) Ein Behinderter als Identifikationsfigur: Eine Folge einer beliebten Krimi-Serie zeigte einen querschnittgelähmten Jungen in der Hauptrolle. Die Zuschauer wurden informiert, daß der Spieler tatsächlich querschnittgelähmt sei, also seine Rolle in dem Rollstuhl spielt, den er auch sonst benützen muß. Die Lebensprobleme, die aus seiner Behinderung entstanden, wurden in diesem Film nicht ausgeklammert. Aber sie wurden nicht isoliert dargestellt, so als ob sich sein ganzes Leben nur um seine Krankheit drehen würde. Er unterschied sich in der Filmhandlung kaum von anderen Jungen

seines Alters. Der Zuschauer konnte sich mit ihm ebenso identifizieren wie mit anderen Darstellern, die kein körperliches Leiden hatten. Dieses Identifikationsangebot scheint mir eine erfolgversprechende Hilfe für Randgruppen der Gesellschaft zu sein. Der Behinderte wird nicht als Sonderling, sondern als dazugehöriger Zeitgenosse in die Geschichte eingegliedert, sowohl als Handlungspartner im Film, als auch als gleichwertiger Kollege der anderen Schauspieler. Das baut die hemmende Befangenheit ab, die zu der belastenden Isolation der „Randgruppen" geführt hat.

Auf eine biblische Parallele zu unseren taktischen Spielen möchte ich noch hinweisen. 1. Mose 11, 1–9 wird erzählt, wie die Menschen als Zeichen ihrer Einigkeit und Macht einen Turm bauen und wie Gott die Sprachen verwirrt. Gott sagt: „Siehe, es ist einerlei Volk und einerlei Sprache unter ihnen allen, und dies ist der Anfang ihres Tuns; nun wird ihnen nichts mehr verwehrt werden können von allem, was sie sich vorgenommen haben zu tun. Wohlauf, laßt uns herniederfahren und dort ihre Sprache verwirren, daß keiner des anderen Sprache verstehe!" Der alte Erzähler schildert uns die taktischen Überlegungen Gottes, und im folgenden Kapitel wird deutlich, welches Ziel er verfolgt: Er holt sich aus allen Völkern den einen Mann Abraham und macht aus ihm das Volk seines Bundes, mit dem er seine Geschichte entfalten will, schwerpunktartig, aber letztlich zum Heil der ganzen Menschheit. Wie soll ein kleines Volk gegen die vereinigte Macht der gesamten Menschheit existieren können? Es kann nur mit seiner Gottesgeschichte am Leben bleiben, wenn sich die Mächtigen gegenseitig in Schach halten. So inszeniert Gott durch die Sprachenverwirrung einen weltweiten Machtkampf und spielt die Völker gegeneinander aus, ähnlich wie wir beim VIERTEN MANN und bei ICH WILL ZU EUCH GEHÖREN die Cliquen gegeneinander ausgespielt haben. Und sein Ziel ist auch hier, daß Israel zuletzt seine Besonderheit, seine Gotteserfahrungen in die große Völkergemeinschaft einbringen kann.

V./2. Die Werkstatt des Spielkonstrukteurs

Dieses Buch will nicht nur gebrauchsfertige Spielvorlagen anbieten, sondern vor allem auch Gruppenleiter und Pädagogen anregen, selbst neue Spiele zu erfinden, die für die jeweilige Gruppe zugeschnitten sind und die dort fälligen Themen und Probleme aufgreifen. Diesem Ziel dienten bereits die dynamischen und taktischen Überlegungen zu den beschriebenen Spielen. Nun soll an einem Beispiel die Entstehungsgeschichte eines Spiels dargestellt werden, um dem Spielkonstrukteur Anhaltspunkte für eigene Neuschöpfungen zu geben. Das Spiel GLÜCK entstand als Werkstattarbeit bei einem Seminar für jüngere Pfarrer. Ich stelle zunächst das fertige Ergebnis vor und schildere anschließend die Schritte seiner Entstehung.

20 Glück

Vor Beginn des Spiels wird der Gruppe mitgeteilt, daß die Frage nach dem Glück besprochen werden soll. Zur Vorbereitung beantworten alle Teilnehmer schriftlich für sich allein die Frage: „Was brauche ich zu einem glücklichen Leben?" Diese Vorarbeit kann in einer Schulklasse vorweg als Hausaufgabe geleistet werden, oder jeder schreibt am Anfang der Stunde seinen „Glückszettel". Es muß kein ausführlicher Aufsatz werden, eine Sammlung von Stichworten, möglichst nach Wichtigkeit geordnet, genügt. Die Ergebnisse werden zunächst weder vorgelesen noch diskutiert.
Nun bittet der Spielleiter vier bis sechs fantasiebegabte Gruppenmitglieder, in einem Spiel ihr Glück zu versuchen. Sie setzen sich in die Mitte des Kreises. Der äußere Kreis bildet die Jury, die darüber abstimmt, ob ein Spieler sein Glück gemacht hat oder nicht. Die Jury erhält die vorbereiteten Glückszettel der Spieler und läßt sie reihum gehen, so daß sich jeder über die Glücksvorstellungen der Spieler informieren kann.
Der Spielleiter erklärt die Mitte des Kreises als „Niemandsland". Ziel der Spieler soll es sein, „jemand" zu werden und aus dem Niemandsland „ins Leben zu treten". Dazu müssen sie den Nachweis erbringen, daß sie ein glückliches Leben zu gestalten verstehen.

Der Spielleiter hat 30 „Schicksalskarten" vorbereitet, je 6 Karten in einer anderen Farbe. Auf diesen sind verschiedene Lebensvoraussetzungen angegeben. Jede Farbe umfaßt einen bestimmten Bereich: Begabung (weiß), Körper (blau), Kontaktfähigkeit (rot), Beruf (grün) und Besitz (gelb). Hier die Aufschriften:

Weiße Karten

Ich bin vielseitig begabt, lerne leicht und bin zugleich ein guter Praktiker.	Ich bin praktisch veranlagt. Gescheite Bücher sind mir zu hoch.

Ich bin einseitig für Sprachen begabt. Mathematik liegt mir nicht.	Ich bin hochintelligent, aber ich kann keinen Nagel gerade in die Wand schlagen.
Ich kann gut rechnen und verstehe viel von technischen Dingen. Fremdsprachen fallen mir schwer.	Ich kann nicht viel und verstehe nicht viel.

Blaue Karten

Ich bin hübsch. Ich gefalle den Leuten.	Als hübsch kann man mich nicht bezeichnen. Eher das Gegenteil.
Im Sport gehöre ich zu den Besten. Viele beneiden mich darum.	Ich bin oft krank. Mein Körper hält nicht viel aus.
Ich bin weder besonders hübsch, noch häßlich, aber jedenfalls kräftig und gesund.	Ich bin querschnittgelähmt und fahre im Rollstuhl.

Rote Karten

Ich finde leicht und schnell Freunde und Partner.	Ich bin schüchtern und versäume dadurch viele Gelegenheiten, Freunde und Partner zu finden.
Ich bin sehr wählerisch, was Freunde und Partner betrifft. Ich brauche lang, um mit andern warm zu werden.	Ich bin leicht mißtrauisch, besonders wenn jemand etwas von mir will.
Ich gerate meistens an Partner und Freunde, die mir das Leben nicht gerade leichter machen.	Ich bin ein Einzelgänger. Ich habe keine Freunde, und das ist mir auch egal.

Grüne Karten

Ich arbeite gern in meinem Beruf und habe Erfolg.	Durch Beziehungen habe ich einen guten Posten bekommen.
Im Beruf bin ich zwar erfolgreich, aber Spaß macht er mir nicht.	Mein Beruf wäre ganz nett, wenn nur das Arbeitsklima dort besser wäre.
Mein Beruf macht mir Freude, auch wenn ich es darin nicht weit gebracht habe.	Meine Arbeit ist öde. Einen Erfolg sehe ich nicht.

Gelbe Karten

Ich habe eine halbe Million geerbt.	Ich habe mir ein bißchen was zusammengespart.
Ich besitze ein Reihenhaus.	Bis zum Zahltag ist bei mir das Geld immer alle.
Ich habe reiche Verwandte, die mir jederzeit was zuschießen, wenn ich Geld brauche.	Ich habe ständig Schulden.

Jeder Spieler zieht 5 Schicksalskarten, von jeder Farbe eine. Die Karten ergeben die Ausgangslage jedes Spielers, die er berücksichtigen muß bei seinem Versuch, glücklich zu werden. Die Spieler lesen der Reihe nach ihr Schicksal vor, und die Jury notiert sich die verschiedenen Kombinationen, denn sie muß darauf achten, daß kein Spieler bei seinem Lebensplan diese Vorbedingungen übersieht. Am besten ist hierbei für jeden Spieler einer aus der Jury besonders zuständig.
Nun steht also jeder Spieler zwischen zwei Entwürfen: zwischen seiner eigenen Auffassung davon, was man zum Glück braucht (Glückszettel) und den Gegebenheiten, die ihm zugefallen sind (Schicksalskarten). Seine Aufgabe ist es, der Jury glaubhaft zu schildern, wie er trotz der Diskrepanz zwischen Realität und Wunsch zu einem glücklichen Leben kommen kann. Die Spieler malen also mit möglichst viel Fantasie die Gestaltung eines Lebens

unter diesen Umständen aus, und die Jury achtet streng darauf, daß sie sich nicht über ihre vorgegebene Begabung, Kontaktfähigkeit, körperliche Beschaffenheit usw. hinwegsetzen. Freilich können bei manchen Vorbedingungen auch Änderungen erwogen werden, aber die Jury läßt diese nur dann gelten, wenn der Weg dazu genau beschrieben wird. Ein Spieler hat z.B. die Karte gezogen: „Ich gerate meistens an Partner und Freunde, die mir das Leben nicht gerade leichter machen.“ Wenn er sagt: „Ich suche mir einfach andere Freunde“, läßt die Jury dies nicht gelten. Eine akzeptable Antwort hingegen wäre: „Ich glaube, daß es eigentlich mehr an mir liegt, daß ich mit meinen Freunden nicht auskomme. Ich lasse mich von einem Fachmann beraten und versuche zu lernen, anders mit ihnen umzugehen.“
Andererseits konfrontiert die Jury jeden Spieler auch mit seinem selbst verfaßten Glückszettel, wenn er nun plötzlich ohne all diese Bedürfnisse glücklich zu werden meint. Er darf nicht aus dem Niemandsland heraus, bevor er begründet hat, warum er sein Glück zu finden hofft, obwohl seine eigenen Vorstellungen zuerst ganz anders aussahen.
Die Spieler im Niemandsland erhalten keine Anweisungen, wer seinen Lebensplan zuerst bekanntgibt, ob sie miteinander reden oder jeder einzeln an die Jury gewandt, und ob sie bei der Erarbeitung des Glücks zusammenhelfen können. Sie sollen die Chance haben, selber darauf zu kommen, daß das Glück gemeinsam befriedigender gestaltet werden kann. Das schönste Ergebnis wäre, wenn die Spieler mit ihren verschiedenen Fähigkeiten füreinander einstehen würden, daß etwa der Praktiker zu dem intelligenten Kollegen mit den ungeschickten Händen sagt: „Wenn du in dein Reihenhaus einziehst, dann helfe ich dir gern, es hübsch einzurichten“, oder daß der Kontaktfähigste seinem schüchternen Kollegen anbietet: „Ich nehme dich mit in unseren Club, da triffst du viele nette Leute“. Wenn die Spieler selber nicht darauf kommen, kann ihnen der Spielleiter gegen Ende des Spiels den Hinweis geben: „Es ist nicht verboten, sich gegenseitig zu helfen!“

Wenn das Spiel zuende ist, haben alle Beteiligten modellhaft erlebt, wie Glück auf realistische Weise angestrebt werden kann. Die Gruppe hat erfahren, daß Glück etwas anderes sein kann als traumhafte Wunschbilder, auf die man wie auf ein Wunder wartet. Sie hat auch gesehen, daß ein schweres Schicksal nicht automatisch Unglück bedeutet, sondern daß man auch mit ungünstigen Startbedingungen sein Leben aktiv gestalten kann. Bei der Auswertung und bei spä-

 teren Gesprächen zum Thema wird die Frage nicht mehr lauten: „Was müßte alles geschehen, daß ich glücklich wäre?" sondern: „Was kann *ich* tun, um mein Leben glücklicher zu machen, und wie können wir uns gegenseitig dabei helfen?" Bei der Auswertung können auch die restlichen „Glückszettel" noch zum Zug kommen. Sie drücken Wünsche und Sehnsüchte aus, die sicher zum Teil unerfüllbar sind. Aber der Spielleiter sollte sich hüten, sie abzuqualifizieren oder gar lächerlich zu machen. Nur wenn sich einer mit seinen Wunschvorstellungen ernst genommen fühlt, kann er sich daran machen, sie mit der Realität in Beziehung zu setzen: Hier sind meine Wünsche. Und da ist meine Wirklichkeit. Dazwischen klafft eine große Lücke. Wie kann ich sie schließen? Wo kann ich meine Wirklichkeit verändern? Und wo muß ich meine Wünsche zurückschrauben? Wenn diese Überlegungen in Gang kommen, hat das Spiel sein Ziel erreicht.
Soweit das fertige Spiel. Und nun seine Entstehungsgeschichte. Sie vollzog sich in sieben Arbeitsschritten, und diese Schritte kann man grundsätzlich bei der Konstruktion jedes Spieles gehen.

Sieben Schritte zur Herstellung eines Spiels

1. Schritt: Thema

Ein bestimmtes Sachgebiet oder ein unbewältigtes Problem spricht mich an und reizt mich, ein Spiel dazu herzustellen.
Bei der Arbeitsgruppe von Pfarrern, die das Spiel GLÜCK entwickelte, stand das Thema fest. Sie waren dabei, eine Arbeitseinheit für den Konfirmandenunterricht über das Glück zu planen und suchten nach einer Möglichkeit, durch ein Spiel die Thematik anzureißen. Ihr Konzept sah zunächst etwa so aus: „Unter den Konfirmanden herrschen oft sehr fragwürdige Vorstellungen von Glück. Sie meinen, der Mensch würde glücklich, wenn er dies oder jenes hätte, und übersehen dabei die wichtigsten Voraussetzungen, die das Glück eines Menschen ausmachen. Wir wollen ihre Vorstellungen korrigieren und ihnen zeigen, was ihr Leben wirklich glücklich macht." Sie wollten also eine Hierarchie von Glücks-Werten aufstellen, in der z.B. Geld und Schönheit auf eine niederere Stufe verwiesen wurden als Liebe und Vertrauen.

2. Schritt: Einfälle

Ich sammle zunächst alles, was mir an spielerischen Ideen in den Sinn kommt, und versuche es zu einem vorläufigen Entwurf zusammenzufügen.

Unsere Arbeitsgruppe hatte bereits eine vage Vorstellung, in welcher Richtung sich das Spiel entwickeln könnte. Sie entsprach ihrem Unterrichtskonzept: Die Konfirmanden sollten nach einem bestimmten Schema ihre Vorstellungen vom Glück niederschreiben. Daraus sollte sich ein Gespräch ergeben, das die gewünschte Korrektur der Glücks-Hierarchie herbeiführt. Unklar war noch, in welcher Weise dies geschehen sollte. Bis jetzt sah es so aus, als käme kein Spiel zustande, sondern lediglich eine Diskussion anhand von Aufzeichnungen der Konfirmanden.

3. Schritt: Korrektur

Wenn ich absolut kein Spiel zustande bringe, dann frage ich mich, ob nicht schon bei meinem Verständnis der Thematik der Fehler liegt.

Was sich bei den ersten Versuchen der Arbeitsgruppe herausschälte, war so etwas wie ein Ratespiel (Wer kommt am nächsten an die Meinung des Pfarrers heran?) oder ein Machtkampf zwischen Pfarrer und Konfirmanden (Wer kann seine Meinung durchsetzen?). Beides hatte mit der Glück-Thematik wenig zu tun. Es spiegelte vielmehr die Dynamik des Unterrichtskonzepts, das darauf hinauslief, den Konfirmanden die „richtige" Meinung des Pfarrers beizubringen. Das Scheitern der Spielplanung zeigte der Gruppe, daß sie bereits bei der Themenbearbeitung eine fragwürdige Richtung eingeschlagen hatten. Sie hatten Glück als ein statisches System von Werten verstanden und so seine Dynamik versäumt. Dadurch kam nun eine sachfremde Dynamik ins Spiel: ein Meinungsstreit über scheinbar objektive „Glücksbringer" anstelle einer seelsorgerlichen Hilfe, glücklich zu werden. Ein deutliches Symptom dieses Irrweges war z.B. die Abqualifizierung körperlicher Schönheit ohne Rücksicht darauf, welche existentielle Bedeutung sie für das Selbstwertgefühl pubertierender Mädchen haben kann.
Die Arbeitsgruppe wurde also von dem gescheiterten Spielversuch noch einmal auf die Thematik zurückverwiesen. Diese Erfahrung kann man oft machen, wenn man ein Spiel aufzubauen versucht. Es entsteht ein fruchtbarer Regelkreis zwischen Thema und Spiel: Das Thema regt zu spielerischer Gestaltung an, und der Spielversuch wirkt zurück auf das Verständnis der Themendynamik.

4. Schritt: Dynamik

Ich versuche, dem Kräftespiel des Themas auf die Spur zu kommen, die wirkenden Faktoren und den daraus entstehenden Prozeß zu erspüren.

 Einen Faktor hatte die Arbeitsgruppe schon gefunden: Die Sehnsucht nach Glück und die Wünsche nach Lebensbedingungen, die ein glückliches Leben ermöglichen. Der Gegenpol konnte aber nicht die andere Meinung des Unterrichtenden bleiben. Vielmehr sind es die bestehenden Verhältnisse, die Realität, das Schicksal, das sich keiner aussuchen kann. Diese Gegebenheiten unterscheiden sich oft von den Glücksvorstellungen, und so entsteht zwischen beiden eine mehr oder weniger belastende Spannung. Beide Pole, das Schicksal und die Wünsche, sind bei jedem Menschen verschieden ausgeprägt. Eine inhaltliche Festlegung von Glück würde deshalb den individuellen Lebensproblemen nicht gerecht. Aber die Frage, wie jeder in seiner besonderen Situation mit der Spannung zwischen Schicksal und Wunsch fertig wird, ist ein durchgängiges Lebensproblem.

Wir haben somit drei Faktoren der Dynamik des Glücks gefunden:

1. die Wünsche
2. das Schicksal
3. die kreative Fähigkeit, aus der Spannung zwischen beiden etwas zu machen.

Da hier zwei Faktoren in einem Spannungsverhältnis stehen, können wir hoffen, daß uns ein Spiel gelingt. Wenn ein Spiel langweilig wird und mißlingt, liegt es oft daran, daß entweder die Spannung des Themas nicht verarbeitet ist, oder daß das Thema selbst spannungslos ist. Jeder Spielprozeß lebt von mindestens zwei widerstreitenden Kräften. Ein philosophischer Allgemeinplatz oder eine konfliktfreie, ausgeglichene Ehe (falls es so etwas gibt) liefern keine Dynamik für ein Spiel. Oft übersehen wir aber auch die scharfe Dynamik eines Themenkreises und versäumen deshalb die Chance, die lebendige Spannung mit der Gruppe nachzuvollziehen. So sieht man es z.B. dogmatischen Lehrsätzen meist nicht an, daß sie das Ergebnis eines langen, oft erbitterten Streites waren, und daß man sie ihres Sinnes beraubt, wenn man sie statisch als Grundlage theologischen Denkens verwendet.

5. Schritt: Verfremdung

Ich überlege mir, welcher Grad der Verfremdung bei diesem Thema angebracht ist.

Verfremdung kann einmal das Spiel reizvoller machen, zum andern ermöglicht sie die Bearbeitung von Problemen, die auf direkte Weise sehr viel schwerer angegangen werden können.

Die Arbeitsgruppe spürte, daß es vielen Jugendlichen sehr schwer fallen dürfte, offen von ihren persönlichen Schwierigkeiten zu erzählen. Sie wollte es einem Mädchen nicht zumuten, etwa zu sagen: „Ich sehne mich nach Liebe, aber ich bin nicht hübsch und keiner schaut mich an." Oder: „Ich möchte im Beruf erfolgreich sein, aber dazu bin ich zu dumm."

Wenn jemand so offen von seinen Problemen reden kann und die Gruppe sein Vertrauen nicht mißbraucht, kann ihm das sicher am meisten helfen. Man kann aber diese Offenheit nicht durch Spielregeln erzwingen. Die Arbeitsgruppe entschloß sich deshalb dazu, das Schicksal der Spieler zu verfremden: Jeder zieht sich für dieses Spiel ein eigenes Schicksal und schlüpft so in die Rolle eines anderen. So kann die Spannung zwischen Schicksal und Wunsch verarbeitet werden, ohne daß sich einer vor den anderen entblößen muß. Will jemand daraufhin sein persönliches Problem ansprechen, so kann er dies bei der Auswertung tun. Er wird aber nicht dazu gedrängt.

6. Schritt: Taktik

Es gilt nun die Dynamik des Themas im Spiel nachzubilden, so daß sie möglichst pointiert, übersichtlich und anschaulich gespielt werden kann.

Was normalerweise ein Leben lang geschieht, muß nun in einer Stunde ablaufen können. Die Gruppe suchte also nach Symbolen, die den komplizierten Lebensprozeß vereinfachen, überschaubar machen und auf die wesentliche Dynamik konzentrieren. Sie fand als Lösung das „Niemandsland", aus dem man „ins Leben tritt" und „jemand wird". So wurde das fortdauernde Streben nach sinnvollerem und glücklicherem Leben räumlich und begrifflich abgebildet. Verstärkt wurde der Drang, aus dem Niemandsland herauszukommen, durch die Jury. Sie erinnert an Quizveranstaltungen und erzeugt das Gefühl, daß hier eine Aufgabe zu lösen ist, und daß man erfolgreich abgeschnitten hat, wenn man die Lösung erarbeitet hat. Dadurch wird die schöpferische Fantasie, der dritte Faktor in der Glücks-Dynamik, angeregt und unterstützt. Gleichzeitig sorgt die Jury dafür, daß es sich die Spieler nicht zu leicht machen, so wie ja auch im Leben die Spannung zwischen Schicksal und Wunsch nicht mit einer Handbewegung zu erledigen ist.

Für den ersten Faktor der Wünsche wurde die ursprüngliche Idee, eine Liste von Voraussetzungen des Glücks erstellen zu lassen, in Form des „Glückszettels" beibehalten. Das Schicksal wurde durch die verschiedenfarbigen Karten symbolisiert. Der ursprüngliche Gedanke war, diese Karten mit einer Magnet-Angel aus einem großen Topf zu angeln. Dadurch wird der Aspekt des „blinden Schicksals"

noch handgreiflicher, und wenn sich der Spielleiter die Mühe machen will (5 Töpfe für die verschiedenen Farben, jede Karte mit einer Büroklammer versehen, Angeln mit Magnet an der Schnur), kann er einen zusätzlichen Effekt erzielen. Damit sind nun die beiden Pole des Spannungsbereiches eindeutig fixiert, und die Spieler sind genügend motiviert, zwischen ihnen eine Lösung zu suchen.
Als letzte „Zutat" kam aus der Arbeitsgruppe der Vorschlag einer Zusammenarbeit der Spieler. Zunächst war er so gemeint, daß gegenseitige Hilfe bereits als Spielregel angegeben werden sollte. Man einigte sich dann aber darauf, abzuwarten, ob die Spieler selbst darauf kommen. Sie können dabei erleben, daß sie eher das Niemandsland verlassen können, wenn sie nicht mehr fragen: „Wer schafft die Lösung zuerst?", sondern: „Wie können wir uns gegenseitig zum Glück verhelfen?" So kommt zuletzt doch noch der ursprüngliche Ansatz zu seinem Recht, daß Liebe das Leben glücklicher macht als das Streben, mehr als andere zu können und zu haben. Aber diese Erfahrung steht jetzt am Ende des Prozesses, den die Spieler selbst erleben. Sie wird nicht mehr als statische Lehre von außen an sie herangetragen.

7. Schritt: Ausarbeitung
Wenn das Spiel in seinen Grundzügen aufgebaut ist, können die Details ausgearbeitet werden.
Bei GLÜCK ging es dabei vor allem um die Aufschriften auf den Schicksalskarten. Das war noch einmal eine langwierige Kleinarbeit. Zunächst war nur die Vorstellung da, jeder Spieler sollte fünf beliebige Karten angeln. Aber wie verhindert man, daß sich die Aufschriften widersprechen, daß z.B. einer reich und arm zugleich ist? Der Einfall mit den verschiedenen Farben brachte die Lösung. Nun mußten die verschiedenen Bereiche festgelegt und die Aufschriften formuliert werden. Es kann auch jetzt immer noch Ungereimtheiten geben, z.B. wenn einer, der im Beruf erfolgreich ist, gleichzeitig ständig Schulden hat. Aber vielleicht fällt dem betreffenden Spieler dafür eine Erklärung ein.
Manche ungeklärten Einzelheiten fallen einem erst auf, wenn man sein neues Spiel zum ersten Mal ausprobiert. So haben die Gruppen, in denen ich meine Spiele getestet habe, einige Geduld mit mir haben müssen. Aber sie halfen mir gern durch Kritik und durch Vorschläge, die Spielvorlage weiter zu bearbeiten, bis sie stimmte.

V./3. Die Taktik des Anbietens

Manche Gruppenleiter klagen darüber, daß sie mit Spielen bei ihren Gruppen kein Glück haben. Entweder sie lehnen Spiele grundsätzlich ab, oder sie gehen mit halbem Herzen auf das Angebot ein und machen aus dem schönsten Spiel eine lustlose Pflichtübung. Es gibt solche spielunfähigen Gruppen. Vielleicht hängt der Mißerfolg aber auch mit einer mangelhaften Taktik des Anbietens zusammen. Deshalb einige Hinweise für Spielleiter, die ihre Spiele an den Mann bzw. an die Gruppe bringen wollen.
Wer einer Gruppe ein Spiel anbietet, steht in einer etwas verzwickten Situation: Unabdingbare Voraussetzung für das Gelingen ist die Freiwilligkeit. Die Gruppe muß zum Spielen Lust haben, sonst wird nichts aus dem Spiel. Man kann weder auf Befehl spielen, noch um dem Spielleiter einen Gefallen zu tun, wenn es einem selbst keinen Spaß macht. Die direkte Aufforderung des Spielleiters: „Ich möchte, daß ihr spielt" ist also eigentlich paradox. Sie bedeutet: „Befolgt meine Anweisung freiwillig", oder: „Tut mir den Gefallen und habt Lust!" Die Taktik des Spielleiters muß also darauf aus sein, daß sein eigener Wunsch, die Gruppe zum Spielen zu bringen, eine möglichst geringe Rolle spielt, und daß die Gruppe möglichst viel Eigeninitiative entwickeln kann, gerade auch bei der Entscheidung, ob gespielt werden soll oder nicht. Der Spielleiter kann also in jedem Fall nur anbieten, nicht anordnen. Er sollte auch nicht den Eindruck erwecken, daß er enttäuscht wäre, wenn die Gruppe seinen Vorschlag ablehnt.
Andererseits wird ein Spielleiter die Gruppe nur dann für ein Spiel begeistern können, wenn er selbst davon überzeugt ist und etwas von der Lust am Spielen ausstrahlt. Lustlose Spielleiter verderben ein Spiel genauso wie lustlose Gruppen. Es scheint also gar nicht so einfach zu sein, hier den richtigen Weg zu finden.

Der Einstieg

Glücklicherweise spielen viele Gruppen sehr gern. Der Vorschlag: „Wir könnten doch eigentlich einmal ein Spiel versuchen" wird begierig aufgenommen, und der Leiter wird gefragt, was er anzubieten hat. In solchen Gruppen gibt es keine Probleme, was das Spielen betrifft.
Wenn der Spielleiter nicht sicher ist, wie die Gruppe seinen Vor-

schlag aufnehmen wird, kann er bei irgendeiner Gelegenheit nebenbei erwähnen, er habe neulich in einer anderen Gruppe ein Spiel erlebt, das einfach großartig gewesen sei. Wenn die Gruppe darauf reagiert: „Könnten wir das nicht auch einmal spielen?", hat er gewonnen. Wenn er ganz sicher gehen will, kann er zunächst zögern und einige Bedenken anmelden: In dieser Gruppe sei ja eigentlich noch nie gespielt worden, und er wisse nicht recht, ob alle damit einverstanden wären. Damit überläßt er es der Gruppe, auch die Unentschlossenen zu überzeugen und sich zu einigen: „Nächste Woche wird gespielt!"

Eine weitere Möglichkeit wäre, einige aus der Gruppe schon vorher zu fragen, ob sie nicht einmal zu einem Spiel Lust hätten. Findet sein Vorschlag Anklang, so kann er seinen Plan mit diesen Leuten vorbesprechen und sich vergewissern, daß sie in der Gruppe auch zum Mitspielen bereit sind. Wenn erst einmal drei oder vier mitmachen, ist es nicht mehr schwer, auch die übrigen zu gewinnen.

Besonders leicht hat es der Spielleiter in Unterrichtsgruppen, vor allem in der Schule. Spielen macht auf alle Fälle mehr Spaß als der übliche Unterricht, so daß er hier kaum auf Ablehnung stoßen wird. Immerhin kommt es auch hier vor, und darum tut der Spielleiter gut daran, einen Alternativvorschlag zu machen: „Wir werden uns in den nächsten Stunden mit diesem Thema beschäftigen. Wir können es mit einem Spiel versuchen, oder wir können auch gleich darüber diskutieren. Was ist euch lieber?" Voraussetzung für diese Taktik ist allerdings, daß der Lehrer tatsächlich auch mit der Diskussion einverstanden ist, wenn sich die Klasse dafür entscheidet. Wenn er beleidigt wirkt, verdirbt er sich die Chancen, evtl. später einmal mit einem Spiel bei der Klasse anzukommen.

Manche Erwachsenen kann man dadurch zu einem Spiel locken, daß man ihnen erklärt: „Dieses Spiel habe ich schon öfters mit Jugendlichen gespielt. Jugendliche spielen ja sehr gern und entwickeln dabei viel Fantasie. Erwachsene tun sich dabei meist schwerer, sie sind es nicht mehr so gewohnt." Der Effekt einer solchen Einführung ist entweder, daß die Leute dieser Meinung zustimmen und auf das Spiel verzichten. Dann hilft es ihnen, daß der Leiter ihre Schwierigkeit zu spielen akzeptiert hat und sie nicht zu etwas drängt, was andere besser können. Viele Erwachsene reagieren aber umgekehrt: Sie beweisen, daß sie durchaus noch in der Lage sind, ein hinreißendes Spiel zu gestalten.

Ein besonderer Fall sind Ausbildungsgruppen, die nach dem Plan des Ausbilders vieles durch Spiele erarbeiten sollen. Hier hat es sich bewährt, möglichst bald, spätestens in der zweiten Sitzung, ein

Spiel vorzuschlagen. Je eher man damit beginnt, desto reibungsloser wird das Spiel als selbstverständlicher Bestandteil des Lernprozesses akzeptiert. Der Ausbilder muß lediglich die Gruppe informieren: „Zu unserer Ausbildungsmethode gehört auch die Verwendung von Spielen. Damit Sie dieses Arbeitsmedium gleich kennenlernen, schlage ich vor, daß wir jetzt mit einem Spiel beginnen."
Wenn der Leiter mit den Spielen wartet, bis sich die Leute an andere Arbeitsmethoden gewöhnt haben, kann er es erleben, daß die Teilnehmer durch ängstliche Abwehr die Einführung von Spielen erschweren oder unmöglich machen.

Der erste Spielversuch

Wenn eine Gruppe erst einmal ein Spiel riskiert und Freude daran gefunden hat, hat sie für spätere Spiele die Hemmungen verloren. Vielleicht bittet sie sogar den Spielleiter, öfter ein Spiel mitzubringen. Darum ist gerade das Gelingen des ersten Spielversuchs besonders wichtig. Der Spielleiter wählt hierfür am besten ein bewährtes, zugkräftiges und nicht zu kompliziertes Spiel. Günstig ist es, wenn er es selbst schon anderswo mitgespielt oder als Leiter durchgeführt hat. Spiele mit genauen Rollenanweisungen oder leicht verständlichen Regeln erleichtern den Einstieg. Spiele, deren Regeln man erst nach dem ersten Durchgang wirklich begriffen hat, oder die hohe Anforderungen an gestaltender Improvisation stellen, hebt man sich besser für später auf.
Der Spielleiter hilft den Teilnehmern, eine Rolle zu übernehmen, wenn er den Spielverlauf vorher erklärt, soweit dies möglich ist, ohne Überraschungen vorwegzunehmen. Nach seiner Frage: „Wer möchte sich gern an diesem Spiel beteiligen?" wartet er ab. Das entstehende Schweigen sollte er auf alle Fälle durchstehen und sich nicht dadurch verführen lassen, die Leute zu drängen oder einen Teilnehmer direkt aufzufordern. Wenn einer vor dem Spielen Angst hat, schadet es nur, wenn man ihn unter Druck setzt. Wer keine Angst hat, stellt sich nach einiger Zeit selbst zur Verfügung. Wenn sich Spieler gemeldet haben, dankt ihnen der Spielleiter für ihre Bereitschaft. Auch nach dem Spiel sollte er den Dank nicht vergessen. Für Leute, die es nicht gewohnt sind, gehört einiges dazu, sich auf ein Spiel einzulassen.
Es ist gut, wenn man beim ersten Spielversuch die Auswertung nicht überzieht. Ein lockeres Gespräch über das Erlebte ergibt sich fast immer von selbst und genügt für den Anfang. Vor allem sollte

 sich der Spielleiter hüten, aufgrund des Spiels die Persönlichkeit der Spieler zu deuten oder verletzende Anmerkungen zur Gestaltung der Rollen zu machen. Wenn die Spieler den Eindruck gewinnen, daß man sie mit diesem Spiel hereingelegt hat, werden sie kaum mehr ein weiteres Spiel riskieren.

Der Spielleiter sollte auch an die Zuschauer und Beobachter denken. Besonders Jüngere verlieren leicht die Lust, wenn sie selbst nichts zu tun haben. Darum ist es gut, wenn möglichst viele aktiv beteiligt sind. Die Erfahrung zeigt, daß Beobachtungsaufgaben bei längeren Spielen oft nicht ausreichen, um die Spannung bis zuletzt aufrechtzuerhalten. Man kann sich damit helfen, daß jeder Spieler unter den Zuschauern seine „Lobby" hat, mit der er etwa alle 15 Minuten Rücksprache nehmen kann. So könnte z.B. beim SCHLÜSSELSPIEL (Spielend bei der Sache 72 Nr. 78) zwischendurch eine Verhandlungspause eingelegt werden, in der Heidi mit ihren „Freundinnen", Frau Klamm mit den „Nachbarinnen", Herr Klamm mit seinem „Stammtisch" berät, wie sie sich weiter verhalten sollen. Ebenso könnte bei der BELAGERTEN STADT (Spielend bei der Sache 67 Nr. 77) jeder Spieler kurz zu seiner „Familie" gehen und sich dort moralische Unterstützung holen. Aus diesem Buch kämen z.B. die Spiele GOLDENE HOCHZEIT oder SCHIROKKO für eine derartige Mitarbeit der Zuschauer in Frage.

Schließlich sollte der Spielleiter darauf achten, daß zu häufiges Spielen eine gewisse Spielmüdigkeit zur Folge haben kann. Die Spiele werden nicht besser, wenn man eine Gruppe damit überfüttert. Überlegte Dosierung und Einsatz an der Stelle, an der sie wirklich passen, sind die Voraussetzung dafür, daß die Gruppe jedesmal wieder mit Schwung und Fantasie zu spielen beginnt, und daß sie die gemachten Erfahrungen auch verarbeiten kann.

Wenn alle Versuche fehlschlagen und eine Gruppe sich absolut nicht für Spiele erwärmen kann, sollte man seine Bemühungen unbekümmert aufgeben. Spielen liegt nicht jedem. Und es gibt ja genügend andere Möglichkeiten, sinnvoll mit einer Gruppe zu arbeiten. Aufgeben ist jedenfalls besser, als die Gruppe mit irgendwelchen Druckmitteln doch noch zum Spielen bewegen zu wollen. Spielen muß Spaß machen. Was soll man mit einem verkrampften, unlustigen Pseudospiel anfangen?

VI. Verständigung

Spiele sind dynamische Modelle der Wirklichkeit und können deshalb als Instrumente der Verständigung dienen. Sie machen Zusammenhänge und Wechselwirkungen nachvollziehbar, indem sie aus der Vielfalt der Wirklichkeit wenige Aspekte auswählen und konzentriert veranschaulichen.

Müll

21

Das Überlebensproblem der Menschheit, das heute mit dem Stichwort „Umweltschutz" bezeichnet wird, umfaßt eine Vielzahl komplizierter Wechselwirkungen weltweiten Ausmaßes, deren Dynamik unserem Verstehen nur schwer zugänglich ist. Der „Club of Rome", eine Arbeitsgemeinschaft von Wissenschaftlern aus allen Teilen der Welt, hat diese Zusammenhänge zu einem differenzierten System verarbeitet und einen Computer die Entwicklung in den nächsten hundert Jahren „durchspielen" lassen. Dennis Meadows hat die Ergebnisse in dem bekannten Buch „Die Grenzen des Wachstums" zusammengefaßt.
Ein Spiel, das einigermaßen überschaubar bleiben will, kann das Umweltproblem nicht naturgetreu nachbilden. Es muß sich auf einige Aspekte konzentrieren und Vergröberung und Verzerrung in Kauf nehmen. MÜLL beschränkt sich deshalb auf die Spannung zwischen wirtschaftlicher Expansion und Erhaltung des Lebensraums, zwischen kurzfristigem Profit und Überlebenschance. Ausgeklammert werden die Probleme der Bevölkerungszunahme und der Abnahme der Rohstoffreserven. Ebenso wird die Weltbevölkerung und ihre Arbeitsleistung verkürzt abgebildet: Es gibt im Spiel nur Industrie und Landwirtschaft, und jeder Spieler ist zugleich Unternehmer (Farmer oder Fabrikant), Verbraucher und Politiker. Diese Vergröberungen könnten manchen Spieler zu dem Einwand veranlassen, dieses Spiel entspreche kaum der Wirklichkeit und gebe uns keinen Aufschluß über die wirklichen Tatbestände. Das stimmt zum Teil: Daten, Fakten und Zahlen liefert MÜLL nicht. Sein Sinn ist es, das Wechselspiel verschiedener Kräfte und Tendenzen nachzubilden und so darauf aufmerksam zu machen, daß unsere Generation von den jahrtausendealten Spielregeln von Fortschritt

 und Wachstum auf neue, unbequeme und ungewohnte Regeln umsteigen muß. Die dazugehörigen Sachinformationen können dann bei der Auswertung gegeben und mitverarbeitet werden.

MÜLL eignet sich besonders für größere Gruppen von Jugendlichen ab 14 oder Erwachsenen. Die Teilnehmerzahl ist unbeschränkt; es dürfen nur nicht weniger als 6 sein. Im Folgenden wird ein Spiel mit 10 Spielern beschrieben. Das Spielmaterial muß bei mehr oder weniger Teilnehmern entsprechend vermehrt oder verringert werden.

Spielmaterial

10 Grundstücke: braune Quadrate, in 4 Felder unterteilt. Sie können aus Pappe ausgeschnitten oder einfach mit Kreide auf den Tisch gezeichnet werden. Die Zahl der Grundstücke ist gleich der Zahl der Spieler. Alle Grundstücke zusammen bilden die Erdoberfläche. Sie bleibt das ganze Spiel hindurch gleich; es kann also kein Grundstück hinzugefügt oder weggenommen werden.

① *10 Bewohner:* Verschiedene Spielfiguren wie beim Schach oder Halma. Jeder Spieler ist durch eine Figur als Bewohner auf der Erdoberfläche vertreten.

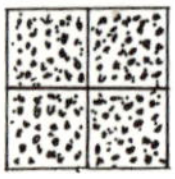

3 Farmen: grüne Platten, so groß wie ein Grundstück, wie dieses in vier Felder unterteilt. Eine Farm kann nur auf einem Grundstück in Betrieb genommen werden; man kann sie also nicht irgendwo *neben* die Erdoberfläche, sondern nur *auf* vorhandenen Grund und Boden legen.

10 Fabriken: graue Platten, so groß wie ein halbes Grundstück, in zwei Felder unterteilt. Auch eine Fabrik kann nur dort aufgebaut werden, wo freier Grund zur Verfügung steht. Man legt sie so, daß sie zwei Felder bedeckt. Wenn sich zwei Spieler darauf einigen, kann die Fabrik auch auf zwei aneinandergrenzende Felder verschiedener Grundstücke gesetzt werden.

● *Ca. 30 landwirtschaftliche Produkte:* runde gelbe oder grüne Klötze (z.B. Dame-Steine oder „Pflanzen" aus dem SCHIROKKO-Spiel, s. S. 95).

◎ *Ca. 60 Industrieprodukte:* metallfarbene Spielelemente (z.B. kurze dicke Schrauben, die auf ihren flachen Köpfen stehen können, oder Ringscheiben wie beim SCHIROKKO-Spiel. 4 Industrieprodukte müssen auf einem Feld Platz haben.

10 mal 100 Mark Geld: Spielgeld oder selbstgemachte Scheine verschiedener Werte (1-, 2-, 5-, 10- und 20-Mark-Scheine).

Spielbeginn

Jeder Spieler erhält 1 Grundstück. Die Grundstücke werden auf einem Tisch – oder bei einer größeren Spielgruppe auf mehreren Tischen – zu „Kontinenten" zusammengefügt, z.B. so:

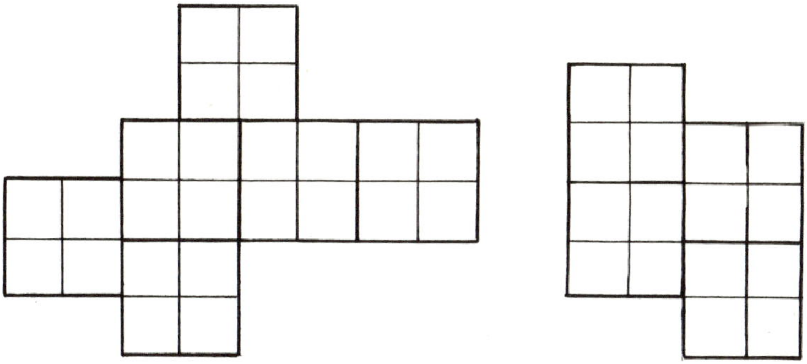

Das Spiel wird reizvoller, wenn die Kontinente verschieden groß sind, also z.B. wie hier aus 6 und 4 Grundstücken bestehen und nicht aus 5 und 5.

Nun werden die Spieler in Farmer und Fabrikanten eingeteilt. Dabei ist das Zahlenverhältnis für das Gelingen des Spieles wichtig: Möglichst genau ein Drittel der Teilnehmer sind Farmer, die übrigen werden Fabrikanten. Läßt sich die Zahl der Spieler nicht durch 3 teilen, so rundet man auf oder ab. Bei 10 Spielern haben wir also 3 Farmer und 7 Fabrikanten. (Für Mathematiker: Das Spiel gelingt nur, wenn mindestens 5/8 der Spieler Fabrikanten und mindestens 1/4 der Spieler Farmer sind). Auch hier gewinnt das Spiel an Spannung, wenn die verschiedenen Kontinente einen *ungleichen* Anteil an Farmern bzw. Fabrikanten aufweisen. Wir versorgen also z.B. den kleineren Kontinent mit zwei Farmern, den größeren nur mit einem.
Jeder Farmer erhält zu Beginn eine Farm, jeder Fabrikant eine Fabrik. Die übrigen Fabriken behält vorläufig der Spielleiter. Außerdem bekommt jeder Spieler eine Bewohnerfigur und 100 Mark. Die Farmer legen ihre Farm auf ihr Grundstück, ebenso die Fabrikanten ihre Fabrik. Die Bewohner werden auf freie Felder gesetzt. Je-

 der benötigt ein ganzes Feld als Wohnraum; es können also nicht zwei auf einem Feld wohnen. Wohl aber kann sich ein Bewohner ein Feld von einem anderen kaufen oder sich darin einmieten, wenn er mit dem Eigentümer über den Kaufpreis bzw. den jährlichen Mietzins einig wird. Die Farmer können auf einem Feld ihrer Farm wohnen. Dieses Feld kann dann aber nicht mehr landwirtschaftlich genutzt werden, d.h. dem Betreffenden bleiben nur noch 3 Felder, um landwirtschaftliche Produkte zu erzeugen. Will ein Farmer also alle 4 Felder ausnützen, so muß er anderswo ein Wohnfeld mieten oder kaufen. Fabriken sind nicht bewohnbar.
Wenn sich alle Spieler auf ihren Grundstücken eingerichtet haben, überprüft der Spielleiter, ob genügend landwirtschaftliche Felder vorhanden sind. Jedes Feld ernährt einen Bewohner, d.h. in unserem Fall: Mindestens 10 landwirtschaftliche Felder müssen frei sein. Wenn alle 3 Farmer auf ihrem eigenen Grundstück wohnen, bleiben nur 9 Felder frei. Einer muß also anderswo einquartiert werden, sonst verhungert gleich zu Beginn ein Mann. Dieser Eingriff ist nur dann nötig, wenn weniger als 1/3 der Spieler Farmer sind, also bei 7, 10, 13, 16 oder 19 Spielern. In den übrigen Fällen können alle Farmer ihr eigenes Grundstück bewohnen. – Diese etwas verwirrende Rechnerei läßt sich leider nicht umgehen; denn das Spiel muß so angelegt sein, daß die Bewältigung des Umweltproblems knapp, aber gerade noch möglich ist. Die Lösung darf weder zu leicht noch undurchführbar sein. Deshalb müssen die Zahlenverhältnisse stimmen.

Die Werte

Der Spielleiter erklärt allen, wie der Besitz eines jeden Spielers am Ende bewertet wird:

1 Grundstück	=	50 Mark
1 Farm	=	50 Mark
1 Fabrik	=	50 Mark
1 landwirtschaftliches Produkt	=	10 Mark
1 Industrieprodukt	=	10 Mark
Dazu das Bargeld.		

Jeder hat also am Anfang 100 Mark an Sachwerten und 100 Mark in bar.
Diese Preise gelten nur für die Schlußabrechnung. Während des Spiels gibt es keine Preisbindung. Da kann z.B. ein Fabrikant seine Industrieprodukte auch um 30 Mark verkaufen, wenn sie ihm je-

mand zu diesem Preis abnimmt. Auch kann während des Spiels niemand vom Spielleiter etwas für Geld kaufen, sondern nur gegen Industrieprodukte eintauschen, z.B. 1 Fabrik gegen 4 Industrieprodukte (s.u.). Geldverkehr gibt es nur zwischen den Spielern.

Das Spieljahr

Das Spiel verläuft im Rhythmus von „Jahren" mit je 4 „Jahreszeiten". Jede Jahreszeit hat ihre besondere Funktion:

Frühjahr	—	Prodozieren
Sommer	—	Handeln
Herbst	—	Verbrauchen
Winter	—	Müll abladen.

Der Spielleiter muß streng darauf achten, daß in jeder Jahreszeit nur das geschieht, was in ihr vorgesehen ist. Im Herbst dürfen keine Geschäfte mehr gemacht werden, und im Frühjahr darf kein Müll mehr abgeladen werden. Der Spielleiter kündigt jeweils die nächste Jahreszeit deutlich an, wenn die Arbeit der vorhergehenden Jahreszeit abgewickelt ist.

Frühjahr — Produzieren

Der Spielleiter setzt auf jedes produktionsfähige Feld ein Produkt, also auf jede Fabrik 2 Industrieprodukte und auf jede Farm 4 oder (wenn 1 Feld bewohnt ist) 3 landwirtschaftliche Produkte.

Sommer — Handeln

Jeder Spieler muß pro Jahr 1 Industrieprodukt und 1 landwirtschaftliches Produkt verbrauchen. Er kann sich aus seiner eigenen Produktion versorgen, muß aber, was er nicht selbst herstellt, bei anderen kaufen. Jeder Farmer muß sich im Sommer also mindestens 1 Industrieprodukt besorgen, und jeder Fabrikant 1 landwirtschaftliches Produkt. Der Preis richtet sich nach Angebot und Nachfrage. Einer kann z.B. schnell bei einer billigen Quelle Lebensmittel einkaufen und sie im selben Sommer teuer weiterverkaufen, wenn einige Fabrikanten, die zu langsam geschaltet haben, noch etwas zum Essen brauchen. Es lohnt sich besonders, Industrieprodukte zu horten, denn spätestens nach 4 Jahren braucht man sie nötig, um Müll abzuräumen oder neue Fabriken aufzubauen. Natürlich können gesammelte Produkte auch in späteren Sommern wieder verkauft werden. Außerdem steht es jedem frei, Grund und Boden oder Produktionsmittel zu verkaufen, zu verpachten oder anzukaufen. Auch

 Umzüge finden im Sommer statt, d.h. der Bewohner kann auf ein anderes Wohnfeld gestellt werden. Die Spieler können miteinander Verträge abschließen, Konzerne gründen und Pläne aufstellen.
Wer im Lauf der Jahre 4 Industrieprodukte erworben hat, kann sie bei der Spielleitung gegen eine neue Fabrik eintauschen. Er braucht allerdings 2 freie Felder, um sie aufzustellen. Für Geld bekommt man bei der Spielleitung nichts, weder Produkte noch Produktionsmittel.
Ebenfalls im Sommer – und *nur* im Sommer! – kann Müll beseitigt werden. Dies ist im ersten Jahr noch nicht aktuell, wird aber bald nötig werden, denn allmählich wird sich auf verschiedenen Feldern der Müll anhäufen. Um solch ein Feld zu reinigen, liefert man dem Spielleiter 1 Industrieprodukt ab, und dieser nimmt von dem *einen* Feld allen Müll weg. 1 Feld vom Müll zu befreien kostet in jedem Fall 1 Industrieprodukt, gleich, ob darauf viel oder wenig Müll lagert.
Wenn der Sommer zuende ist, müssen alle Farmen und Fabriken leer sein. Wer noch ein Produkt darauf stehen hat, nimmt es von der Farm oder Fabrik herunter in seinen Privatbesitz, d.h. er legt es vor sich auf den Tisch.

Herbst – Verbrauchen

Jeder Spieler händigt dem Spielleiter 1 landwirtschaftliches Produkt aus. Das gilt als die Menge der Nahrungsmittel, die er in einem Jahr zum Leben braucht. Wer nichts zu essen hat, stirbt. Er nimmt seinen Bewohner vom Spielfeld. Seine Fabrik oder Farm hört auf zu produzieren, wird also künftig nicht mit Produkten belegt. Anschließend weist jeder Spieler 1 Industrieprodukt vor. Wer keines besitzt, kann im nächsten Frühjahr nichts produzieren: Seine Fabrik bzw. Farm bleibt leer.

Winter – Müll abladen

Jeder Spieler, gleich ob Fabrikant oder Farmer, muß im Winter 1 Industrieprodukt als Müll abladen. Er darf es überall hinlegen, außer auf eine Fabrik. Er ist hierbei auch nicht an seinen eigenen Grund und Boden gebunden, ja nicht einmal an seinen Kontinent. Jeder kann, wo er will, seine Umwelt verschmutzen: auf freien Feldern, auf Wohnfeldern und auf landwirtschaftlichen Feldern. Die anderen können ihn daran nicht hindern, es sei denn, sie schließen untereinander Verträge ab oder verabschieden verbindliche Gesetze. Der Müll *muß* aber abgeladen werden, 1 Stück pro Bewohner.
Auf einem Feld haben bis zu 4 Industrieprodukte als Müll Platz.

Wird Müll auf einem Wohnfeld abgelagert, so hat das für den Bewohner bittere Folgen: Bei 1 Stück passiert ihm noch nichts. Liegen aber 2 oder 3 Industrieprodukte als Müll auf seinem Feld, so wird er krank. Er kann so lange auf seiner Farm oder Fabrik nichts produzieren, bis sein Feld vom Müll befreit oder er auf ein sauberes Feld umgezogen ist. Beides kann frühestens im nächsten Sommer geschehen. Er erhält also mindestens einmal im nächsten Frühjahr keine neuen Produkte. Er darf auch seine Fabrik oder Farm nicht schnell einem anderen Spieler vermachen, damit dieser produzieren kann. Auch das geht erst wieder im Sommer.

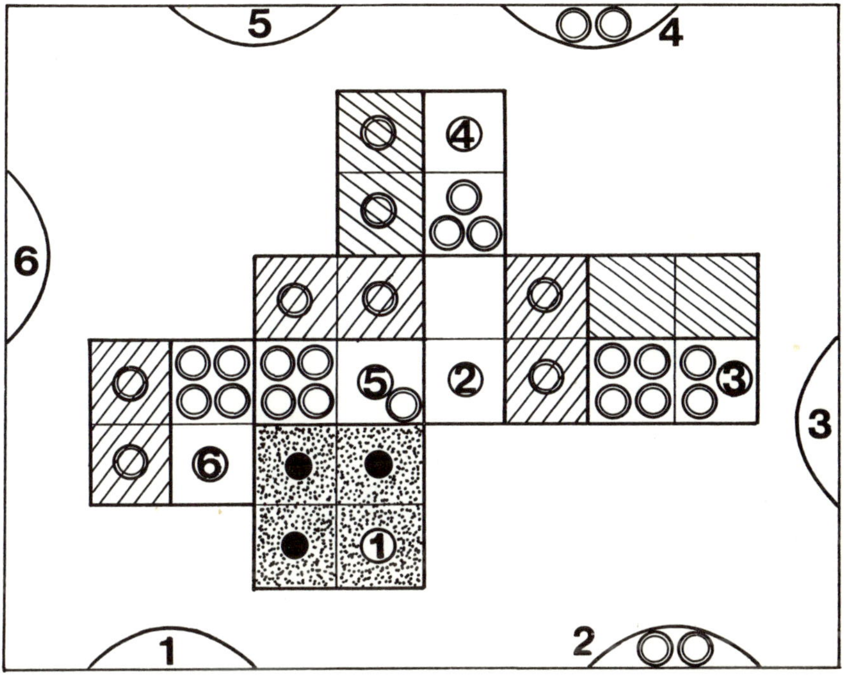

So könnte ein Kontinent im Frühjahr des 4. Jahres aussehen: Unten eine Farm mit 3 landwirtschaftlichen Produkten; auf dem 4. Feld wohnt der Farmer (1). Auf den meisten freien Feldern ist Müll abgelagert. (3) ist krank, weil auf seinem Wohnfeld 2 Müllablagerungen sind. Seine Fabrik produziert deshalb nichts. Auf den übrigen Fabriken liegen je 2 Industrieprodukte. (5) ist noch produktionsfähig, da sein Wohnfeld erst durch 1 Stück verschmutzt ist. (2) und (4) haben je 2 Industrieprodukte in Reserve. Die Halbkreise am Rand bezeichnen den Privatbesitz der Spieler. Der Kontinent muß Lebensmittel importieren, da er zu wenig Landwirtschaft hat. Dafür exportiert er an den anderen Kontinent Industrieprodukte.

 Bei 4 Müll-Anteilen auf einem Wohnfeld stirbt der Bewohner. Er wird vom Brett genommen, seine Produktionsmittel bleiben leer.
Auch die Landwirtschaft wird von Müllablagerungen schwer beeinträchtigt. Auf einem Feld, auf dem Müll liegt, wächst nichts mehr — auch wenn nur 1 Industrieprodukt darauf abgeladen wurde.

Schlußbilanz

Das Spiel geht über 10 Jahre. Wenn alle Spieler zum 10. Mal ihren Müll abgeladen haben, wird der Besitz zusammengerechnet, die Sachwerte nach den oben angegebenen Preisen und das Bargeld. Wer am meisten besitzt, hat gewonnen. Entscheidender aber ist die Frage, ob es der Gruppe gelungen ist, mit dem Müllproblem fertigzuwerden, ohne daß dabei Menschen geopfert worden sind.

Zweiter Durchgang

Nur wenige Gruppen schaffen bereits beim ersten Durchgang eine Lösung des Umweltproblems ohne empfindliche Verluste. Je weniger die Spieler rechtzeitig planen und Konzepte entwickeln, desto mörderischer verläuft das Spiel: Es gibt Hungersnöte, einige erstikken im Müll, andere verarmen, die stärkeren Konzerne vernichten ihre Konkurrenten. Der Verlauf zeigt das Bild eines unkontrollierten, gnadenlosen Kapitalismus, dem alle Schwachen zum Opfer fallen.
Wenn der erste Durchgang so abgelaufen ist, schaltet der Spielleiter eine Gesprächsrunde ein. Jedem ist klar, daß die Welt auf diese Weise wenig Überlebenschancen hat. Die Aufgabe besteht nun darin, beim zweiten Durchgang bessere Lebensbedingungen zu entwickeln. Dies kann auf verschiedene Weise geschehen: Entweder die ganze Gruppe überlegt sich Gesetze, die das Überleben aller ermöglichen. Diese Gesetze können während des folgenden Spiels laufend korrigiert werden. Oder die Gruppe wählt eine Regierung, die für das Überleben aller verantwortlich ist und ermächtigt wird, Gesetze zu erlassen, Steuern zu erheben und in den Markt einzugreifen. Große Gruppen können außerdem Parteien bilden, die verschiedene Regierungsprogramme entwickeln und sich zur Wahl stellen. Eine Verfassung regelt, nach wieviel Jahren neu gewählt wird. Unter diesen neuen Bedingungen werden noch einmal 10 Jahre gespielt. Es wird sich dabei zeigen, ob die beschlossenen Gesetze die Menschheit vor der Umweltkatastrophe retten können.

Dieses Spiel bietet, wie die meisten Spiele, mehrere Ansatzpunkte für die Auswertung. Es soll deshalb, als das letzte Spiel dieses Buches, noch einmal dazu dienen, die verschiedenen Aspekte der Kommunikation zu demonstrieren, die in den bisherigen Kapiteln beschrieben wurden.

1. Metakommunikation

Schon während des Spieles kommen die Beteiligten nicht um eine Reflexion ihrer Kommunikation herum. Kommunikation hat hier die Form des Handelns, Kaufens und Verkaufens, des Bündnisses und der Polarisierung. Die Fabrikanten kommen schnell darauf, daß sie bald nichts mehr zu essen haben, wenn sie ihren Müll auf landwirtschaftliche Felder werfen. Und die Farmer begreifen, daß sie ohne die Technik, die ihnen die Industrie liefert, ihre Felder nicht bestellen können. Einer ist auf den andern angewiesen. Die Frage: „Wie wirtschaften wir?" ist nicht mehr vom eigenen Betrieb her zu lösen, sondern von der Analyse des Wechselspiels der verschiedenen Wirtschaftszweige. Spätestens nach dem ersten katastrophalen Durchgang beginnen die Spieler deshalb zu metakommunizieren: Sie müssen sich über ihr Zusammenspiel Gedanken machen, wenn sie am Leben bleiben wollen. Metakommunikation, die aufgrund der kritischen Beurteilung bisheriger Verhaltensweisen zur Entwicklung günstigerer Gesetze des gemeinsamen Handelns führt, erweist sich als akute Notwendigkeit, im Spiel ebenso wie in der gegenwärtigen Weltsituation.

Auch auf der persönlichen Ebene führt das Spiel zur Besinnung darüber, wie einer mit dem andern umgegangen ist. Ein Student war z.B. nach diesem Spiel ganz betroffen, wie sehr er sich in das Feilschen und Schachern hineingesteigert hatte. Bisher war er der Meinung gewesen, daß ihn diese Art von Gewinnsucht überhaupt nicht berühren könne. Andere Spieler entdeckten, daß sie eine Teilnehmerin, die sich ihren Vorstellungen von der Lösung des Problems nicht fügte, bedenkenlos isoliert und ruiniert hatten. Die Struktur einer Gruppe kann sich bei diesem Spiel deutlich herausschälen: Wer hält zu wem? Wer wirtschaftet lieber für sich alleine? Wer führt das große Wort und setzt seinen Lösungsvorschlag durch? Vielleicht hat ein anderer einen viel besseren Vorschlag gemacht. Wie kommt es, daß man auf ihn so wenig gehört hat? Solche Fragen können der Gruppe einen tieferen Einblick in die Art ihrer Kommunikation verschaffen und sinnvolle Änderungen herbeiführen.

Die Beobachtung nichtverbaler Mitteilungen steht bei diesem Spiel nicht im Vordergrund. Immerhin kann sie zur Klärung der Beziehungen auch hier herangezogen werden. Manche Spieler entdecken an sich und an anderen ein ganz ungewohntes Gesicht, andere Gebärden, einen anderen Ton. Im „Sommer" entwickelt die Gruppe oft eine ungewöhnliche Lautstärke. Viele geraten ins Schwitzen, bekommen rote Köpfe, fuchteln mit den Armen herum. Solche unübersehbaren Signale zeigen doch, daß die Gruppe nicht nur eine komplizierte mathematische Aufgabe gelöst hat, sondern daß emotional geladene Beziehungsprobleme im Spiel sind, und daß die Lösung nicht auf einer rein sachlichen Ebene erreicht werden kann — so wie ja auch in der Weltpolitik die Veröffentlichung rein wissenschaftlicher Fakten nicht genügt, wenn man nicht auch an der Beziehung zwischen Staaten und Interessengruppen arbeitet und dabei gerade die irrationalen, gefühlsmäßigen Bindungen und Ressentiments mit in Rechnung stellt.

3. Regeln

Wir müssen hier zwischen zweierlei Regeln unterscheiden: Die vorgegebenen Spielregeln entsprechen bei unserem Spiel den Gesetzmäßigkeiten der Realität, denen wir nicht ausweichen können. Z.B.: Wer Industrieprodukte verbraucht, erzeugt Müll. Ohne Industrie ist die heutige Menschheit nicht lebensfähig. Wachsende Industrie engt den Lebensraum ein.

Innerhalb dieser Gesetzmäßigkeiten bleibt uns aber ein Spielraum des Handelns, der nicht festgelegt ist, sondern gestaltet werden muß. Die Spieler, die zunächst vielleicht nach dem Gesetz des höchsten Profits angetreten sind, müssen neue Spielregeln entwickeln. Es wäre unsinnig, an der vorgegebenen Realität Spielregelkritik zu üben, also etwa zu sagen: Es müßten weniger Menschen auf der Welt sein, oder die Welt müßte größer sein. Es wäre aber noch viel unsinniger, auch alle eingeschliffenen Verhaltensregeln für unabänderlich zu halten und weiterhin daran festzuhalten, daß die Menschheit umso glücklicher wird, je mehr sie die Erde ausbeutet und die Industrie bedenkenlos wachsen läßt. Hier drängt das MÜLL-Spiel zur Spielregelkritik und leistet seinen Beitrag zu dem ungeheueren Umlernprozeß, der in unserem Jahrhundert lebensnotwendig geworden ist. Zunächst können die Spieler der Tatsache nicht mehr aus dem Wege gehen, daß die Gesundheit unseres Planeten nur durch erhebliche Investitionen und Einschränkungen gewährleistet werden kann. Und dann machen sie sich auf die Suche nach möglichst effektiven

„Wir hätten Oma nicht soviel von der Emanzipation der Frau erzählen sollen – wer paßt jetzt übers Wochenende auf die Kinder auf?"

Vereinbarungen, die zu diesem Ziel führen könnten.
Die spielenden Gruppen probieren an unserem Modell die verschiedensten Staats- und Wirtschaftssysteme aus. Sie versuchen die Lösung mithilfe der Demokratie, des Kommunismus und der Diktatur. Sie finden einen Weg unter Beibehaltung der freien Marktwirtschaft oder sie verstaatlichen die Produktionsmittel oder enteignen Grund und Boden. So bietet das Spiel, gleichsam als Beigabe, auch Gelegenheit zur Reflexion dieser verschiedenen staatlichen und wirtschaftlichen Spielregeln. Das Umweltproblem kann – jedenfalls im Spiel – mit jedem dieser gesellschaftlichen Instrumente gelöst werden. Als schwieriger und komplizierter stellt sich der demokratisch-marktwirtschaftliche Weg heraus. Mit Enteignung und Verstaatlichung kann man sich die Sache verhältnismäßig leicht machen. Dafür wird das Spiel nach spätestens fünf Jahren eintönig und langweilig. Gewiß können wir solche Ergebnisse nicht kurzschlüssig zur Würdigung von Staatsformen heranziehen. Aber die Frage bleibt im Raum stehen: Wie weit entsprechen unsere politischen Spielregeln den Erfordernissen, die mit der Umweltproblematik auf uns zukommen?
Die Lage wird desto aussichtsloser, je mehr der Regelkreis der Konkurrenz die verschiedenen Kontinente oder Konzerne zu Feinden macht: eine Partei verfolgt ausschließlich ihre eigenen Interessen gegen die andere, die Gegenpartei reagiert darauf mit Selbstschutzmaßnahmen und Angriffen, Verständigung wird mehr und mehr erschwert, und schließlich verwenden beide in einem Vernichtungskrieg den Müll als tödliche Waffe. Dieser Regelkreis, der oft den ersten Durchgang beherrscht, kann in der anschließenden Diskussion aufgedeckt werden, und aus der Einsicht, daß jeder auf den anderen angewiesen ist, kann ein Regelkreis der Kooperation erwachsen: Ich bin auch für das Leben der anderen mitverantwortlich, und in dem Maß, in dem ich ihnen gebe, was sie brauchen, erhalte ich auch von ihnen die notwendige Unterstützung. Solche Kooperation kann durchaus auch zwischen Kontinenten verschiedener politischer Prägung entstehen, und es zeigt sich, daß weltweite Zusammenarbeit den Vorrang vor allen ideologischen Unterschieden gewinnen kann – und wohl auch muß, denn wir können das Umweltproblem nicht liegen lassen, bis sich alle Völker der Erde auf eine einheitliche politische Grundrichtung geeinigt haben.

4. Taktik

Es gehört zur Taktik des MÜLL-Spieles, die Teilnehmer in die Zukunft zu versetzen, in die Zeit, in der die Auswirkungen der Umweltverschmutzung zur akuten Lebensbedrohung geworden sind. Das Spiel arbeitet also mit dem Mittel der Beunruhigung, verbunden mit der Erfahrung, daß entsprechende Anstrengungen doch noch die Katastrophe verhindern können. Die Zukunft, die das Spiel abbildet, ist nicht mehr fern. Je schneller und konsequenter wir das Problem anpacken, desto mehr Bewältigungschancen haben wir.

Fritz Puhl hat in seiner Fernsehserie „Tribunal 1982" dieselbe Taktik zum Problem der Dritten Welt angewandt: in einer nicht zu fernen Zukunft, 1982, stehen „zwei Welten im Zeugenstand", die Industrieländer und die Entwicklungsländer, und verhandeln vor einem fingierten Gericht, was in den letzten zehn Jahren getan und versäumt worden ist. Der Kommentator bringt zwischen den Szenen Kurznachrichten, welche demonstrieren, daß zum Zeitpunkt der Verhandlung eine weltweite Katastrophe kaum noch zu verhindern ist. Den Zuschauern wird eindrücklich vor Augen geführt: Wenn wir noch zehn Jahre so weitermachen, werden wir wahrscheinlich nicht mehr in der Lage sein, das drohende Unheil abzuwenden. Wenn wir jetzt gleich damit anfangen, gelingt es uns vielleicht noch.

„Die meisten Menschen können sich nur um Dinge kümmern, die ihre Familie und ihre unmittelbaren Freunde in naher Zukunft betreffen. Nur wenige denken weit voraus in die Zukunft von einem globalen Gesichtspunkt aus" (Meadows 13). Da in einer demokratischen Gesellschaft die Politiker von der Meinung der Wähler abhängig sind, wird die Frage brennend, wie man bei den weltweiten und langfristigen Aufgaben, die der Umweltschutz und die Dritte Welt uns stellen, das Notwendige tun kann. Verantwortliche politische Taktik müßte hier das Ziel verfolgen, die Bereitschaft der Öffentlichkeit für die nötigen Maßnahmen zu fördern und die Wähler nicht nur mit den nächstliegenden, sondern auch mit diesen übergreifenden Problemen zu konfrontieren. Im Rahmen des Machtkampfes der Parteien scheint dies eine schwer zu lösende Aufgabe zu sein, da kostspielige Maßnahmen meist nur dann populär sind, wenn sie kurzfristig spürbare Erfolge zeitigen. Umso notwendiger ist auf diesem Gebiet eine intensive Bewußtseinsbildung durch Schulen, Kirchen, freie Organisationen und Massenmedien. Das MÜLL-Spiel will hierzu einen Beitrag leisten. Es könnte als Ausgangsbasis dienen, um sich über das Weltproblem Umweltschutz zu verständigen.

Das Spiel ist gelaufen. Die Teilnehmer haben sich bekämpft und verbündet, sind auf Probleme gestoßen und haben sie bearbeitet, haben sich übereinander geärgert und dann doch auf einen gangbaren Weg geeinigt. Sie haben sich der Dynamik des Spiels hingegeben, sie durchgespielt und begriffen. Damit haben sie die Dynamik der Wirklichkeit nacherlebt, soweit diese von den Spielregeln eingefangen war. Vor den Spielern auf dem Tisch liegt ein Modell der Welt, das sie selbst mitgestaltet haben – ein äußerst verkürztes, abstrahiertes und schematisiertes Modell, aber eben doch nicht abstrakt, sondern handgreiflich und übersichtlich. Sie können die Fabriken, die Industrieprodukte und den Müll in die Hand nehmen, sie überblicken Farmen, Wohngebiete und verschmutzte Landstriche, und vor allem: sie haben das Wechselspiel zwischen Landwirtschaft und Industrie, zwischen Konkurrenz und gemeinsamer Notwendigkeit, zwischen verschiedenartigen politischen Auffassungen durchgespielt und erfahren.
Darüber kann man jetzt reden und sich verständigen. Die Sachinformationen, die der Leiter nach dem Spiel mitteilt, werden nun anhand des dynamischen Spielmodells in ihrer *Funktion* verstanden. Sie stehen nicht mehr unverbunden nebeneinander. Die symbolischen Spielelemente mit ihren Wechselbeziehungen werden zum Verständigungsinstrument, um das Zusammenwirken der verschiedenen Tatbestände zu veranschaulichen. Wer für die Sachinformation das vom „Club of Rome" veröffentlichte Material verwendet (Meadows), kann mithilfe des Spiels sogar ein Stück weit in den Computer „hineinschauen", der die künftige Entwicklung errechnet und in Kurven festgehalten hat. Denn auch der Computer „spielt" mit Regelkreisen und Wechselwirkungen, nur präziser und komplizierter.

Der Gruppenleiter geht bei der Informationsvermittlung am besten von den einzelnen Spielelementen aus. Er illustriert mit konkreten Daten, welche Tatbestände sie symbolisieren. Dabei werden auch Ungenauigkeiten, die durch die unvermeidliche Vergröberung im Spielmodell entstanden sind, korrigiert.

Beim „Müll" handelt es sich natürlich nicht nur um Ablagerungen auf dem Erdboden, sondern vor allem um die Verschmutzung der Luft und des Wassers, um überschüssige Wärme, radioaktive Abfälle usw. Messungen und Statistiken können den Sachverhalt präzisieren. Die „Landwirtschaft" symbolisiert den gesamten Bereich der Lebensmittelproduktion, also auch Viehzucht und Fischerei. Die

 schädlichen Folgen der Wasserverschmutzung für den Fischbestand lassen sich statistisch nachweisen (vgl. Meadows 65f).
Eine Ungenauigkeit im Spielmodell ist die Müllerzeugung durch den Verbraucher. Jeder weiß, daß die Industrie bei der Herstellung der Konsumgüter und bei der Energiegewinnung in stärkerem Maß an der Umweltverschutzung beteiligt ist. Indirekt ist aber die Menge dieser Abfälle auch wieder vom Verbrauch abhängig, für den die Industrie produziert. So wird im Spiel die Müllerzeugung im abgekürzten Verfahren direkt dem Verbraucher zugeschrieben. Die Gruppe muß schließlich auch darüber informiert werden, daß das Spiel zwei entscheidende Faktoren der Weltentwicklung unberücksichtigt läßt: das Anwachsen der Bevölkerung und die begrenzten Rohstoffvorräte der Erde.

Es ist nicht die Aufgabe dieses Buches, umfassend über die Einzelheiten des Umweltproblems zu informieren. Deshalb mögen diese Andeutungen genügen. In diesem Kapitel sollte beschrieben werden, wie sich eine Gruppe mithilfe eines Spiels über ein Sachproblem verständigen kann. Der vorgeschlagene Lernprozeß beginnt mit dem Spiel und endet mit der Information. Dies hat seinen guten Grund: Die „Sache", über die gesprochen wird, ist keine statische Gegebenheit, sondern ein dynamischer Prozeß. Wir können ihre Problematik erst dann begreifen und mit ihr umgehen, wenn wir in Funktionen, Wechselwirkungen und Entwicklungen zu denken gelernt haben. Das Spiel leitet uns dazu an. Gewiß, man könnte auch zuerst informieren und dann spielen. Entscheidend ist nicht die Reihenfolge, sondern der Blickwinkel, aus dem die Teilnehmer das Problem sehen. Erleben sie es in seiner Spannung, Bewegung und Zielstrebigkeit, so sind sie dichter „bei der Sache", als wenn sie zunächst nur Daten, Fakten und Begriffe nebeneinanderstellen. Die Dynamik des Spielmodelles ist nicht nur eine Zugabe, die den Stoff spannender macht, sondern sie liegt in der „Sache" selbst begründet. Dies gilt nicht nur für das Umweltthema, sondern für alle Themenkreise, sofern sie etwas mit menschlichem Leben zu tun haben.

Die organische Verbindung von Information und Spiel ist in vorbildlicher Weise von der Dia-Serie „Die Dritte Welt und wir" gelöst: Das Spiel steht hier zwischen zwei Bildfolgen, die über die Fragen der Entwicklungshilfe informieren. Die erste Serie reißt die Problematik an und liefert das Anschauungsmaterial für die Spieler. Dann übernehmen die Teilnehmer verschiedene Konzepte der Entwicklungshilfe und versuchen im Spiel eine Lösung zu finden. Sie erfahren dabei, daß jeder Ansatzpunkt, so begründet er auch sein mag, für sich allein

den Teufelskreis der Armut nicht durchbrechen kann. Vielleicht werden sie schon beim Spiel auf die Zusammenhänge und Wechselwirkungen zwischen Ernährung, Bildung, Handel und Industrie aufmerksam. Aber auch wenn sie dieses Ziel nicht erreichen, sehen sie nun die abschließende Bildserie mit anderen Augen. Sie können nun aus eigener Erfahrung das Zusammenwirken der verschiedenen Faktoren begreifen.
Zur Umweltthematik wird im Spielwarenhandel das Spiel UMWELTSCHUTZ angeboten. Es ist ein Würfelspiel für vier Personen, die verschiedene Wirtschaftszweige vertreten und je nach den Feldern, auf die die Spieler rücken, Geld einnehmen oder ausgeben müssen. Dabei wächst die Wasser- und Luftverschmutzung, und die Spieler können vorgegebene Vorschläge zur Müllbeseitigung einreichen. Es geht also auch hier wie bei unserem MÜLL-Spiel um die Entscheidung, ob den Teilnehmern der eigene Profit oder das Überleben aller wichtiger ist. Was in diesem Spiel geschieht, ist jeweils zu den einzelnen Feldern schriftlich vermerkt. So hat das Spiel mehr den Charakter eines Glücksspiels, und für eigene Gestaltung bleibt wenig Raum. Die schriftlichen Anweisungen haben aber auch den Vorteil, daß sie konkrete Informationen über die Zusammenhänge von Industrie und Umweltverschmutzung enthalten, so daß sich UMWELTSCHUTZ gut zur Einführung in die Problematik eignet.

VII. Grenzen

Spiele bieten uns einen Freiraum, in dem wir uns versuchsweise anders verhalten können, als es unsere Lebenswirklichkeit sonst zuläßt. Spiele weisen aber auch über sich hinaus und geben uns Impulse für die Gestaltung unseres Lebens. Die Verwirklichung dieser Impulse liegt außerhalb des abgegrenzten Spielraums.

Beim Spielen sind die Kinder unsere Lehrmeister. Sie versetzen sich mit größter Selbstverständlichkeit in die selber gewählten Rollen. Sie spielen Braut und Bräutigam und feiern Hochzeit. Sie spielen Vater und Mutter und versorgen voll Hingabe ihre Puppenkinder. Sie holen ihre Bauklötze aus dem Schrank und bauen sich ein Haus oder eine ganze Stadt. Sie gehen ganz auf in ihrer Fantasiewelt, und doch wissen sie genau, daß alles „nur ein Spiel" ist. Eines Tages werden sie wirklich Hochzeit feiern und Mann und Frau sein. Sie werden eine Familie gründen und ihre Kinder lieben. Und das Kind mit den Bauklötzen wird vielleicht einmal als Architekt oder Baumeister richtige Häuser bauen. Das Spiel der Kinder weist über sich selbst hinaus. Es ist Übungs- und Experimentierfeld, auf dem sie ihr späteres Leben probeweise gestalten, weitgehend angeregt von ihren Erfahrungen mit den Erwachsenen, aber doch eigenständig genug, um mehr als eine Kopie ihrer Umwelt darzustellen. Hier fangen sie an, ihrem Leben ihre persönliche Prägung zu geben. Hier ist noch alles offen, kaum korrigiert von den Hindernissen der Wirklichkeit.

Wenn Erwachsene spielen, tun sie es meist, um sich zu entspannen und zu erholen. Sie machen Pause vom Ernst des Lebens. Sie versetzen sich zurück in den spielerischen Freiraum, den Kinder haben, und genießen es, einmal anders sein zu können, unbelastet von Arbeit und Verantwortung, von Spannungen und Einengungen. Sie spielen meist nicht dieselben Spiele wie die Kinder. Und trotzdem kann ähnliches geschehen: ein neuer Aspekt des Lebens kann auftauchen, eine verschüttete Fähigkeit kann aufleben, aus einem unverbindlichen Experiment kann der Entschluß wachsen, auch nach dem Spiel etwas zu ändern. Die Erholung vom Ernst des Lebens kann zur schöpferischen Pause werden, die über sich hinausweist auf eine neue Gestaltung des Lebens.

Manche Eltern setzen ihr Kind in einen Laufstall, bevor es das Laufen lernt. Das Kind richtet sich an den Holzstäben auf, versucht die ersten Schritte, übt zwanzigmal hintereinander Aufstehen und Hinsetzen, läßt schließlich das Geländer los und steht frei. Wenn es laufen kann, braucht es den Laufstall nicht mehr. Er ist nicht mehr wichtig und kann weggeräumt werden.
Die in diesem Buch beschriebenen Spiele könnte man einen Laufstall der Kommunikation nennen. Wenn die Kommunikation „läuft" und in Ordnung ist, braucht man ihn nicht. Nur daß wir an diesem Punkt niemals auslernen. Wir merken es an den ungelösten und unausgesprochenen Spannungen in der Familie, in der Gruppe, in der Gesellschaft, daß wir oft noch nicht recht „laufen" können, was unseren Umgang miteinander betrifft. Nun gibt es gewiß mehrere Möglichkeiten, hier etwas dazuzulernen. Eine davon ist dieser „Laufstall", der abgegrenzte Spiel-Raum mit einem sicheren Geländer ringsum, in dem wir unbesorgt neue Schritte versuchen können, weil uns ernstlich nichts passieren kann: Es ist ja nur ein Spiel. Wir betreten diesen Spielraum nicht, um immer darin sitzenzubleiben, sondern um wieder herauszusteigen und die neuen Schritte ernsthaft zu gehen.
Das schützende Geländer des Spielraums ist auch die Grenze seiner Möglichkeiten. Ein erfülltes Leben, eine gelungene Partnerschaft, eine organische Gemeinschaft, eine vernünftige Gesellschaft – das alles kann im Spiel nur angedeutet, vorgeformt und ausprobiert werden. Verwirklicht wird es jenseits des Geländers. Und kein Spiel kann die Garantie geben, daß die Verwirklichung gelingt. Das bedeutet nicht, daß es unnütz wäre, gelegentlich in den Spielraum zurückzukehren, um Impulse, Anregungen und neue Erkenntnisse mit herauszunehmen.
Spiele können nicht Leben produzieren. Sie können keine gültigen ethischen Normen setzen. Sie können nicht Glauben schaffen. Spiele können nur aus dem Material etwas machen, das die Spieler mitbringen. Mit diesem Material können sie Prozesse in Gang setzen, die die Spieler selbst überraschen und zum Nachdenken bringen. Sie können auch mitgebrachte ethische Normen in Frage stellen, indem sie die Spieler eine Problematik hautnaher und lebendiger erfahren lassen, als das im Rahmen der bisherigen Grundsätze möglich war. So kann aus einem Spiel eine bessere Wahrnehmung der Zusammenhänge erwachsen, die eine Korrektur der bisherigen Einstellung nahelegt. Ob die Korrektur stattfindet, und ob sich der Spieler auch im Ernstfall anders verhält, das liegt jenseits der Spielgrenze. Auch bei biblisch-theologischen Fragen kann ein Spiel neue

 Gesichtspunkte einbringen. Es kann sie aus einer sterilen Begrifflichkeit in den lebendigen Zusammenhang zurückholen, aus dem sie erwachsen sind. Ob einer daraus neuen Glauben und neue Hoffnung schöpft, das liegt nicht mehr im Bereich des Spiels. Spiele können das Leben nicht ersetzen. Sie sind nicht mehr und nicht weniger als anregende Gesprächspartner des Lebens.

Zum besseren Verständnis der Spiele und als Hilfe zur Auswertung diente in diesem Buch die Kommunikationsforschung. Auch bei diesem Instrument der Wahrnehmung wird es gut sein, seine Grenzen zu sehen und sich darüber klar zu werden, was es leisten kann und was nicht. Die Kommunikationsforschung ist eine Richtung innerhalb der Humanwissenschaften, die das Augenmerk auf das Wechselspiel menschlicher Beziehungen richtet und auf vieles aufmerksam macht, was frühere psychologische und philosophische Schulen zum Teil übersehen haben. Da in jedem Gruppenspiel Kommunikationsprozesse ablaufen, scheint mir diese Art der methodischen Reflexion am besten für die Arbeit mit Spielen geeignet zu sein. Was die Kommunikationstheorie bietet, sind Hilfen zur Beobachtung, Wahrnehmung und Beschreibung zwischenmenschlichen Verhaltens im Spiel *und* außerhalb des Spiels. Was sie nicht bieten kann und auch nicht bieten will, ist eine Erklärung oder eine weltanschauliche Bewertung menschlichen Lebens. „Die Regeln der menschlichen Kommunikation ‚erklären' nichts, sie sind vielmehr evident durch ihr Sosein, sind ihre eigene beste Erklärung" (Watzlawick 44). Wenn ein Theologe Fragen des Glaubens und des Lebens aus dem Blickwinkel einer bestimmten philosophischen oder psychologischen Schule beschreibt, so muß das noch nicht heißen, daß er damit den Glauben an Gott erklären oder das Evangelium in seinem Denksystem aufgehen lassen will. Der Satz, daß alles menschliche Verhalten Kommunikation sei, bedeutet nicht, daß menschliche Existenz *nichts als* Kommunikation sei. Allerdings lassen sich alle Glaubenszeugnisse und alle Lebensprozesse eben *auch* aus diesem Blickwinkel betrachten und beschreiben. Die Frage nach der Wahrheit und nach dem Geheimnis Gottes und des Lebens ist damit noch nicht berührt.

Ähnlich wie ein Spiel ist das humanwissenschaftliche Instrumentarium ein Modell der Wirklichkeit. Im Spiel erlebe ich ein Abbild der Wirklichkeit modellhaft mit, bei der Kommunikationstheorie eigne ich mir ein Modell aus Beobachtungen, Begriffen und Gedanken an, das mir hilft, manches deutlicher zu sehen, was ich sonst übersehen hätte. Jedes Modell ist unvollständig und hat seine Grenzen, aber ohne derartige Gedankenmodelle könnten wir uns in der Welt nicht zurechtfinden.

Nicht jedem werden diese beiden Modelle entsprechen. Jeder Praktiker hat seinen persönlichen Arbeitsstil, und manchem werden Spiele oder auch kommunikationstheoretische Überlegungen von daher nicht zusagen. Wer aber Freude daran findet, mit dem vorgelegten Material zu arbeiten und zu experimentieren, dem möge dieses Buch gute Dienste leisten.

Literatur

George R. Bach / Yetta Bernhard, Aggression Lab (Deutsche Studienausgabe), Das Trainingsmanual für faires Streiten um Veränderung, 1971

George R. Bach / Peter Wyden, Streiten verbindet, Formeln für faire Partnerschaft in Liebe und Ehe, Bertelsmann Sachbuchverlag Gütersloh 1970

Erich Berne, Spiele der Erwachsenen, Psychologie der menschlichen Beziehungen, Rowohlt Verlag Reinbeck 1967

Hans Frör, Spielend bei der Sache, 81 Spiele für Schulklassen, Konfirmandengruppen und Gemeindekreise, Chr. Kaiser Verlag München 1972

Kurt Frör, Kommunikationsforschung und Religionsunterricht in: Dem Wort gehorsam, Festschrift zum 65. Geburtstag von Landesbischof D. Hermann Dietzfelbinger DD., Claudius-Verlag München 1973, S. 110ff.

Bernhard Gunther, Sensitivtraining, und: *Jan Velzeboer,* Nonverbale Kommunikation, in: Interaktionsspiele, Interaktionstraining, Beiheft zum „Spielkreis" – Landesarbeitsgemeinschaft für Spiel und Amateurtheater in Nordrhein-Westfalen, Heft 2 Dez. 1972

Dennis Meadows, Die Grenzen des Wachstums, Bericht des Club of Rome zur Lage der Menschheit, Deutsche Verlags-Anstalt Stuttgart 1972

Fritz Puhl, Zwei Welten im Zeugenstand, Lesestück zur Fernsehserie Tribunal 1982, Laetare Verlag Stein/Nürnberg 1972

Axel Svensson, Interaktionen in Sensitivity-Trainings-Gruppen, Inaugural-Dissertation, Rheinische Friedrich-Wilhelms-Universität Bonn 1972

Paul Watzlawick / Janet H. Beavin / Don D. Jackson, Menschliche Kommunikation, Formen, Störungen, Paradoxien, Verlag Hans Huber, Bern 1972

Gunther Wollschläger, Kreativität und Gesellschaft, Neue pädagogische Methoden am Beispiel der Jugendkunstschule Wuppertal, Peter Hammer Verlag Wuppertal 1971

Spiele

DUO, ein Partner-Spiel-Test, entwickelt von James R. Hine, aus dem Amerikanischen übersetzt und bearbeitet von Helmut Harsch, Chr. Kaiser Verlag München 1973

DIE DRITTE WELT UND WIR, Gestaltung: Ton- und Bildstelle für die Evang. Kirche in Hessen und Nassau, Frankfurt/M. Redaktion: Siegfried Baumgartner, Berthold Burghardt und Hermann Then, 1973

UMWELTSCHUTZ, entwickelt von Frederic Rasmussen, deutsche Bearbeitung Franz-Josef Kaiser und Jolanthe Busch, IWA-Rechenschieberfabrik F. Riehle KG Esslingen und Ernst Klett-Verlag Stuttgart 1971

Register

Stichworte

Bibelstellen